教育部人文社会科学研究规划基金项目(16YJA740029)

汉日时制构造的比较研究

HAN RI SHIZHI GOUZAO DE
BIJIAO YANJIU

孙 伟◎著

知识产权出版社
全国百佳图书出版单位

图书在版编目（CIP）数据

汉日时制构造的比较研究/孙伟著. —北京：知识产权出版社，2019.5
ISBN 978-7-5130-6214-5

Ⅰ.①汉… Ⅱ.①孙… Ⅲ.①汉语—对比研究—日语 Ⅳ.①H1②H36

中国版本图书馆 CIP 数据核字（2019）第 072660 号

责任编辑：申立超　吴亚平　　　　　　责任校对：王　岩
封面设计：何睿烨　　　　　　　　　　　责任印制：刘译文

汉日时制构造的比较研究

孙　伟　著

出版发行：	知识产权出版社有限责任公司	网　　址：	http://www.ipph.cn
社　　址：	北京市海淀区气象路 50 号院	邮　　编：	100081
责编电话：	010-82000860 转 8672	责编邮箱：	shen_lichao@163.com
发行电话：	010-82000860 转 8101/8102	发行传真：	010-82000893/82005070
印　　刷：	三河市国英印务有限公司	经　　销：	各大网上书店、新华书店及相关专业书店
开　　本：	787mm×1092mm　1/16	印　　张：	11.25
版　　次：	2019 年 5 月第 1 版	印　　次：	2019 年 5 月第 1 次印刷
字　　数：	162 千字	定　　价：	48.00 元
ISBN 978-7-5130-6214-5			

出版权专有　侵权必究
如有印装质量问题，本社负责调换。

目 录

第 1 章　先行研究回顾 ………………………………………… 1
　1.1　日语时制研究概观 ………………………………………… 1
　　1.1.1　探索期的研究 ………………………………………… 1
　　1.1.2　发展期的研究 ………………………………………… 3
　　1.1.3　完善期的研究 ………………………………………… 6
　　1.1.4　日语时制问题思考 …………………………………… 9
　1.2　汉语时制研究概观 ………………………………………… 9
　　1.2.1　无时制标记论 ………………………………………… 10
　　1.2.2　时体标记分别论 ……………………………………… 11
　　1.2.3　时体标记混合论 ……………………………………… 14
　　1.2.4　汉语时制问题思考 …………………………………… 18
　1.3　从汉日比较研究出发 ……………………………………… 20

第 2 章　时间和时制 …………………………………………… 22
　2.1　日语的时间性和时制 ……………………………………… 23
　2.2　汉语的时间系统和时制 …………………………………… 26
　2.3　日语的时间词与时制 ……………………………………… 28
　2.4　汉语的时间词与时制 ……………………………………… 32
　　2.4.1　时间名词与时制 ……………………………………… 33
　　2.4.2　时间副词与时制 ……………………………………… 38

第3章　谓语类别与时间性 …… 47
3.1　日语的谓语 …… 47
3.2　汉语的谓语 …… 52
3.2.1　汉语的动词分类 …… 52
3.2.2　汉语的形容词分类 …… 58
3.2.3　汉语的名词分类 …… 60

第4章　汉日一事件时制比较 …… 63
4.1　时体构造和标记 …… 63
4.2　汉日一事件时制 …… 66
4.2.1　一事件的将来时制 …… 67
4.2.2　一事件的现在时制 …… 81
4.2.3　一事件的过去时制 …… 92
4.2.4　汉日一事件时制及其表达 …… 100

第5章　汉日两事件时制比较 …… 104
5.1　复句与两事件句 …… 104
5.2　日语两事件句时制 …… 105
5.2.1　主从句时制关系概观 …… 105
5.2.2　表示相对时间的词语与两事件时制 …… 108
5.2.3　表示绝对时间的词语与两事件时制 …… 113
5.2.4　从句形式与相对时制 …… 116
5.3　汉语两事件句时制 …… 125
5.3.1　后句为绝对时制"将来" …… 125
5.3.2　后句为绝对时制"现在" …… 129
5.3.3　后句为绝对时制"过去" …… 131
5.3.4　时间词语的作用 …… 132

5.4　结语 …………………………………………………… 135

第6章　汉日多事件时制比较 …………………………………… 137
6.1　最后句为"将来"时 …………………………………… 137
6.1.1　汉语多事件时制关系 ………………………… 137
6.1.2　日语多事件时制关系 ………………………… 140
6.2　最后句为"现在"时 …………………………………… 143
6.2.1　汉语多事件时制关系 ………………………… 143
6.2.2　日语多事件时制关系 ………………………… 147
6.3　最后句为"过去"时 …………………………………… 151
6.3.1　汉语多事件时制关系 ………………………… 151
6.3.2　日语多事件时制关系 ………………………… 158
6.4　结语 …………………………………………………… 162

参考文献 …………………………………………………………… 164

第 1 章　先行研究回顾

1.1　日语时制研究概观

从时间顺序上观察，日语时制（tense）的研究大致可分为三个时期。第一时期是 1877—1950 年，可称为探索期，其考察的重点侧重于表示时间的词汇表达和部分语法表达。第二时期是 1950—1995 年，可称为发展期，这一时期的语法体系和词汇的意义得到了比较充分的考察，日语时制体系基本确立。第三时期是 1996 年至今，可称为完善期，内容偏向时制、体（aspect）、情态和语气（modality）的三位一体研究以及时间系统整体。这三个时期的研究，其重点考察对象有所不同，研究方法也各有千秋。

1.1.1　探索期的研究

关于日语动词表示事件发生时间的研究开始于藤井惟勉（1877）。他一方面指出了动词的活用能够精密地表示过去、现在、将来这三个时间，另一方面也列举了"以前、去年、此时、明天"等日语的时间副词表达的时间意义。

大槻文彦（1897）参照英语动词的时态变化方式，将古典日语的时间表达体系划分为"将来、现在、过去"，并将过去细分为"半过去、过去、大过去"，阐述了各种时间的助动词表达方式。

四宫宪章（1899：87 - 101）提出了"时制"的概念，认为：日语的时制由"现在、过去、将来"组成；动词本身虽然能够表达时制，但有局限性，大多数情况下，日语时制是由动词或形容词后添加的助动词五段变化[1]来表达。文中阐述了古典日语的时制及其表达，虽然涉及复句的时制问题，但并未深究。

此后，岡田正美（1900）、大槻文彦（1901、1902、1905）、新楽金橘（1902）、芳賀矢一（1905）等均对日语的时制及其表达有所阐述，但截至『口語法』（国語調査委員会1916）出版以前，时制的研究基本上局限于古典日语。

『口語法』标志着日语已经由古典日语向现代日语过渡。其中指出：动词的"时"有现在、将来、过去这三种形式，动词终止形表示现在，动词推量形表示将来，动词过去式"た"表示过去。此后，谷垣勝蔵（1920）、福永勝盛（1923）、小林好日（1927）、松下大三郎（1930）、木枝増一（1938）、山田孝雄（1948『日本文法学概論』）、時枝誠記（1950『日本文法口語篇』）等围绕着三时观点，陆续进行了结合体的时制研究。

探索期的研究虽然对时制体系的构成尚未得到统一的认识，但均对将来、现在、过去的表达形式进行了描述。大多数研究均认可"过去"由「た」表示，而松下大三郎（1930）则提出了"「た」是表示完成的「動助辞」"，为此后相对时制及体表达形式的研究奠定了基础。福永勝盛（1923）的"三种现在"及「ている」表示现在的观点，明确了"现在"的范围和表达方式。从21世纪的研究角度观察，将来时制由「う、よう」表示这一当时的共识确有很大的局限性。但既然动词的推量形「う、よう」是一种语法变化现象，我们就应该进一步考察它在时制范畴中的作用和位置。此外，谷垣勝蔵（1920）、福永勝盛（1923）、松下大三郎（1930）分别结合动作进行体、完成体、未然体考察了时制。这说明探索期的研究已经认识到了一种标记可以同时表示

---

[1] 关于日语古代动词等述语的各种变化方法和形式，可参照四宮憲章（1899：2-30）或其他日语古典语法文献。

时制和体（时体混合标记）的语法现象。探索期中还有很多对时间副词的考察，虽然词汇表达不是日语的时体标记，但由于词汇表达与语法表达同属于时间范畴，并且二者之间也存在着共起关系，所以在考察时制问题时也不能忽略时间词语。探索期的研究为广泛深入地开展日语时体范畴的研究起到了引领作用，也为此后的研究提供了相应的线索。

1.1.2 发展期的研究

金田一春彦（1950、1955）将「する」与「した」作为独立单位对时制范畴进行了考察，认为"动作体的时制是完成体与非完整体的对立、状态体的时制是非过去与过去的对立"，并提出了如下观点。

（1）日语时制范畴为过去与非过去的对立；

（2）过去时制标记是「─た」、非过去时制标记是「─」（"零"标记）；

（3）（相对时制）"以前"的概念；

（4）助动词「よう」和「う」是语气表达而不是时制表达。

尽管金田一春彦（1950、1955）提出了将时体混同考察的内容，但正因为有了上述新观点，此后的日语时制研究才得以明确了考察方向。金田一春彦的成果标志着日语时制（和体）的研究进入了发展期阶段。

发展期研究中，「言語学研究会」❶ 各成员的研究取得了重大成果。

铃木重幸（1965）认为，时制的范畴不仅局限于动词、形容词（形容动词），名词的"等同用言（谓语）的形式"（「～だ（です）」）也有时制问题。奥田靖雄（1977）则提出了应该以"体、时制、情态和语气"三位一体的形式开展时体研究的理论。铃木重幸（1979）在考察了各种形态的现在将来句和过去句后，提出：不是各种体的形式都与时制有关，只有终止形和连体形有时制；时制的意义

---

❶ 「言語学研究会」成立于1956年，主要成员有奥田靖雄、金田一春彦、铃木重幸、铃木泰、高橋太郎、工藤真由美、宮島達夫等，他们的研究成果对日语学研究产生了重大影响。

产生于完整体和持续体中的现在将来和过去的对立关系;动词的语义是通过话语的时制形式来实现动词与时制的关系,动词的语义与时制并没有直接关联。由此,日语的时制研究基本上限定在了语法范畴。

高桥太郎(1985)将铃木重幸(1983:95)的时体表达关系表改成表1-1,说明了时制和体的对立关系,同时也阐明了日语中存在"过去、现在、将来"的绝对时制及「以前、同时、以后」(汉译:"先时、同时、后时")的相对时制,并分别考察了「スル、シタ、シテイル、シテイタ」在时制范畴中的各种基本意义和拓展意义。表1-1的提出对此后的时体研究具有重大意义。

表1-1 时体表达关系表

テンス＼アスペクト	完成相	継続相
非過去形	スル	シテイル
過去形	シタ	シテイタ

(引自高桥太郎,1985:137)

奥田靖雄(1988)非常重视「完成相」(perfective)和「不完成相」(imperfective)的研究,提出了不应该将体和时制分离考察的观点。受上述影响,工藤真由美(1989、1992、1995)开展了一系列的时体研究。

首先,工藤真由美(1989)使用表1-2的形式进一步明确了绝对时制和体的对立关系及时体标记,随后又进一步说明了相对时制与体的关联性(表1-3)。

表1-2 绝对时制与体的表达关系表

テンス＼アスペクト	<完成性>	<持続性>	<パーフェクト性>
<発話時以後＝未来>	スル	シテイル	シテイル ／
<発話時同時－現在>	／	シテイル	シテイル シタ
<発話時以前＝過去>	シタ	シテイタ	シテイタ ／

(引自工藤真由美,1989:1)

表1-3　相对时制与体的表达关系表

主文出来事より＼アスペクト	<完成性>	<持続性>	<パーフェクト性>	
以後	スル	（シテイル）	（シテイル）	／
同時	／	シテイル	シテイル	シタ
以前	シタ	シテイタ	（シテイタ）	／

（根据工藤真由美（1989：5-6）内容制作）

在此基础上，工藤真由美（1992）又考察了时间从属复句中的时间关系，提出了需要观察各种与谓语配合使用的副词、名词、助词等表达的含义及复句类型的必要性。

工藤真由美（1995）使现代日语的时制体系得以更加明确，澄清了体和时制是由marked form（有标形式）与unmarked form（无标形式）的互补对立关系所形成的一般语法意义，阐明了体和时制的关系在于既是表示内部与外部时间上的对立，又在均表示时间上统一这一日语时体特征。她延续三位一体的基本理论，提出了"时制是义务性的，时间副词是任意性的，作为单词词形变化的时制是核心"的观点，阐明了现代日语时制「文法性＝形態論」范畴的认定标准有：

（1）义务性（强制使用）；

（2）包括性（涉及所有动词或谓语形式）；

（3）规则性（存在相同形式的指标）；

（4）抽象性、一般性（脱离词汇意义）；

（5）范例的对立性（互补的对立关系）。

认为由此可以认定日语时制是具有典型形式的形态论范畴。

此外的发展期研究还有寺村秀夫（1984）和町田健（1989）等。

与「言語学研究会」的研究内容有所不同的是，除单句时制以外，寺村秀夫（1984）和町田健（1989）还都从句子的类型对复句的时制进行了考察。寺村秀夫将复句中的从句分为连用从句、引用从句、接续从句、连体从句、名词从句，町田健将从句分为名词从句、内容从句、形容词从句、副词从句。尽管二人的分类方法有所不同，但考察的对象仍然是动词的形态，因此，从结果上看与工藤真由美（1989、1992、1995）的研究结果基本相同。

发展期的研究，经过"时体混合研究→绝对时制研究→相对时制研究→绝对时制与相对时制综合研究"的历程，取得了重大的进步。纵观发展期的主要成果，可以发现其中的几个特点。第一，贯彻"体、时制、语气三位一体"的理论开展立体研究；第二，结合体考察时制的研究居多；第三，在时间（temporality）范畴内综合考察时制标记和时间副词（名词）的作用；第四，全面涉及各类例句（会话句或陈述句、各种类型的复句）。这些特点不仅为此后的考察提示了研究的方法、范围和对象，也明示了应该分析时间词语在句中的作用及与时制标记的搭配使用方法、应该考察不同类型复句中的相对时制等开展深化研究的课题。

1.1.3 完善期的研究

今泉喜一（2000、2003、2012）创造并完善了一个崭新的研究方法——构造研究法（图形表示法）。如，图1-1表示单一事件属于将来；图1-2表示从句事件1位于主句事件2以前、主从句事件均属于过去。

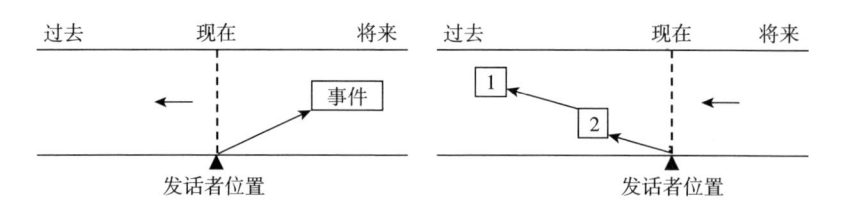

图1-1　一事件时制构造　　图1-2　两事件时制构造

今泉喜一使用图形详细地解释了绝对时制和相对时制的构造及二者在语法和词汇上的表达形式与意义，清晰地勾勒出了各种时制的位置关系。构造研究法的意义在于：（1）理论上适用于对各种语言开展时体范畴的研究；（2）能够从时制或体的一个侧面进行独立考察和展示，避免时体概念的混淆；（3）能够立体展示各种复杂的时制关系；

第 1 章 先行研究回顾

（4）有助于开展时体范畴的教学活动。

完善期的研究考虑到了语法范畴以外的时制信息问题。金水敏、工藤真由美、沼田善子（2001）提出了"判断日语的时制，不能仅仅依存于外部的事件时间，有时也需要依据与发话者获得情报有关的事件（的时间）"、"根据情报的信息及要求选择时制（表达）的现象在静态谓语或使用シテイル形的状态谓语句中尤为显著"的新观点。同时还提出了需要进一步考察时体的文法化，需要结合句法学及语用学（会话含义）来确定时间关系等意见。

中村ちどり（2001）重点考察了复合谓语和复句的时制。

关于复合谓语（如：食べ始めていたようです），她根据 Comrie（1985：130）提案的 [tense：E (relative R)ⁿ (relative S)] 图式，结合词汇的时制信息❶、动词形态的时制信息开展考察，制定出了如下的"复合谓语基准点选择规则"。

（1）谓语构成要素选择夕形或非夕形的基准点（ST：Standard Time）与后续要素的事件时点（ET：Eventuality Time）一致。

（2）句尾无后续要素或在终助词之前的时候，基准点（ST）与发话时（UT：Utterance Time）一致。

关于复句，她参考南不二男（1974：128 – 129 第 14 表）的谓语层次构造理论等，制定出了如下的"从句基准点选择规则"。

A 类从句：ST_{PET} = FET

B 类从句：ST_{PET} = FET

C 类从句：ST_{PET} = FET 或 UT

（A 类：表同时的ナガラ、ツツ等。B 类：ノデ、ノニ等。C 类：ガ、カラ、ケレド等。PET：之前谓语要素表示的事件时点。FET：之后谓语要素表示的事件时点。）

中村ちどり（2001）是从语义学、句法学、语用学的视角开展的

---

❶ 在中村ちどり（2001）中，词汇的时间信息（"昨天、明天、1995 年、下星期三"等时间名词）起的是参考作用，是一种时间限定，不是参照点。

考察。这些观点再次说明，无论是研究时间体系，还是研究时制体系，都需要综合地考虑语法表达、词汇表达、文脉等在句中的意义和作用。

高桥太郎（2003）也认识到了研究文脉与时制关系的重要性。他主要分析了动词的各种形态所表示的时制或时间意义，从谓语性质的消失、语气性的变质、事件性的消失这三个侧面进行了归纳和解释。

工藤真由美（2014）对涉及所有谓语的时间限定性问题进行了语气、时制、体的三方位综合考察，将结论归纳为图1-3。

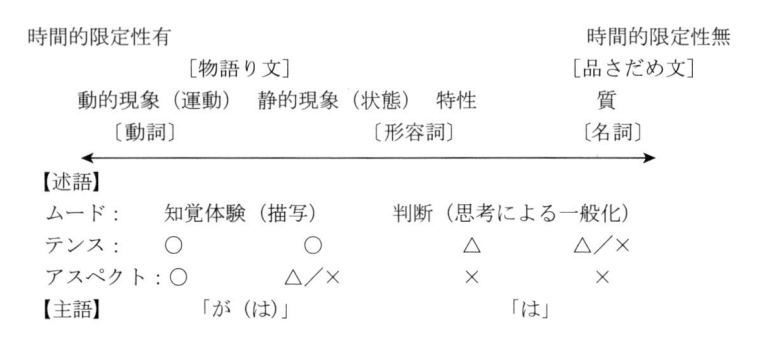

```
時間的限定性有                              時間的限定性無
         ［物語り文］                       ［品さだめ文］
  動的現象（運動） 静的現象（状態）  特性         質
    〔動詞〕            〔形容詞〕           〔名詞〕
【述語】←─────────────────────────────→
  ムード：    知覚体験（描写）      判断（思考による一般化）
  テンス：   ○         ○           △         △／×
  アスペクト：○        △／×        ×          ×
【主語】      「が（は）」                      「は」
```

图1-3　日语谓语的时间限定性

（引自工藤真由美，2014：56）

工藤真由美（2014）是从单词层次上对形态论范畴的语气、时制和体所进行的研究，是以动词谓语为中心，兼有对形容词谓语和名词谓语的考察。对于日语标准语时制，她结合语气进行考察，涉及了从句中的谓语时制，但考察的不是相对时制问题而是时间的限定性、语气与时制的关系及有无时制的问题。这是从形态论范畴开展的"三位一体"理论的深入研究，是从语气视角对谓语非过去式和过去式形态在主句中的意义及使用方法的考察。

完善期的研究成果使我们比较清晰地观察到日语时制体系。今泉喜一（2000、2012）从构造上解释了日语时制与体的关系，阐明了绝对时制及相对时制应有的各种形态，其图形表示法能够将时制，特别是相对时制的时间位置描绘到零误差的细微境界。中村ちどり（2001）详细考察了复合谓语中各个谓语的时制及部分复句的时制，提出了"复合谓语基准点选择规则"及"从句基准点选择规则",为有关研究提供了理论依据。高橋太郎(2003)是结合体和语气范畴来考察的时制,文章围绕动词的各种形态所表示的时制及脱离时制束缚现象进行了解释,谈及了一些动词的特殊用法问题,也提出了一些尚未解决的问题。工藤真由美(2014)以"三位一体"的形式考察了时制,她根据谓语有无时间限定性对谓语进行分类后,进一步阐述了谓语有无时制问题及时制的表达方式。这些研究的共通目的都在于如何更全面地解析日语的时制体系、如何确定谓语是否表示时制、如何更精准地确认每一种时制的位置。也就是说,发展期的研究完成了确立时制框架的工作,完善期的研究正在充实和完善时制的整体外貌。完善期的研究使我们能够关注到时制的细节问题,也为继续开展下一步的研究提供了线索和方法。

1.1.4 日语时制问题思考

日语时制的研究开始于19世纪末,有突破性进展是在20世纪70年代以后。经过百余年的努力研究,日语的时间和时制体系得以确立,绝对时制和相对时制的构造及其表达方式也得到了比较详尽的诠释。对时制的研究过程开展历时性考察,不仅能够阐释各时期的研究特点,也能够发现目前尚需完善的内容和未解决的课题。就目前而言,至少还存在着:(1)词汇表达和语法表达在表示时制过程中的关系;(2)多重复句(包含3个以上的谓语)的时制构造和表达;(3)谓语四种变形之外的其他形态(否定、假设、推量等)的时间性;(4)文脉与时间和时制的关系等问题。这些都有待于更深入的研究。

1.2 汉语时制研究概观

汉语的时制研究始于20世纪20年代,至今也有近百年。由于在时制标记的认定方法上存在一定的分歧,从而产生了各种关于时制标记的争议及时制分类上的不同，反映出目前汉语时制研究中所面临的困境。下面，我们参考帅志嵩（2007）❶的考察，从标记研究和时制分类上对先行研究进行梳理，以求在掌握研究现状的基础上开展有针对性的研究。

1.2.1　无时制标记论

王力（1943）和高名凯（1948）都明确提出了汉语没有时制的观点，王力的理由是汉语"着重在事情所经过时间的长短及是否开始或完成，不甚追究其在何时发生"。高明凯认为汉语没有任何表示历程或动作发生时间的语法形式，因此也就没有时制的语法范畴。吕叔湘（1944）虽然提出了"现在、过去、将来"和"基点时、基点前时、基点后时"的两个"三时"的概念，但他认为表示这些时间的都是时间名词。张秀（1957）将绝对时制和相对时制进行了分类考察，他认为汉语用词汇形式而不是用语法形式来表现绝对时制，但却混同了相对时制与体的概念。由于缺乏相关理论依据及汉语特有的表达方式等诸多原因，早期的时制研究还处于探索阶段。

陈平（1988）、李临定（1990）、龚千炎（1991、1995）都认为汉语有时制系统，他们按照 Reichenbach（1947）的时间系统分析理论，根据情状的发生时间、说话时间和时轴上的另外一个时间（又称参照时间）三者在时轴上的相互关系并使用图形对汉语时制结构展开了解释。陈平（1988）将时制分为 9 种，但没有详细提及时制的表达方式。李临定（1990）将时制分为 11 种，认为时制是由时间副词、动态助词、语气词（呢）及动词零形式来表现的。龚千炎（1991、1995）将时制分为 9 种，认为时间词语表示时制、动态助词表示体。他们都认为应该将时制与体区别开来分别处理的观点符合语言学上对

---

❶　帅志嵩（2007）将20世纪80年代后的汉语时制研究分为三派：无标记论、时体混合论、时体分别论。

时体范畴的界定，但从他们的时制分类及表达方式的解释中却可以看到时体混同现象。此外，将时间名词认定为时制表达并将时间名词或表示时间的语句和动态助词进行时间上的比较，这也与时制属于语法范畴的观点不符。

1.2.2 时体标记分别论

时体标记分别论的主要观点在于：时间副词表示时制，动态助词表示体。

黎锦熙（1924）提出："了"表示完成，是国语中动词的 Perfect；"着"表示正进行的持续，"来着"表示已完成的持续。他将时间副词表示的时间分为过去时（从前、已经、刚才）、现在时（现在、至今、正在）、未来时（就、将、终究、早晚）、不定时（常常、不久、赶紧、有时），认为"国语中动词「时制」（Tense）的变化，依靠「时间副词」和「助动词」❶的参伍活动"。❷

王松茂（1981）将时制分为过去时、近过去时、现在时、近将来时、将来时五种形式，并使用"已经、刚刚、正在、就、将"等时间副词对上述五种类型的时制进行了分析。他认为动态助词是体的标记，所以并没用动态助词考察时制问题，也没有涉及相对时制。

陆俭明、马真（1999）提出了"定时时间副词（曾经、至今、及早、终将）表示时制，不定时时间副词（已经、将要、正在、刚刚）表示体"的观点。

马庆株（2000）与马庆株、王红斌（2004）在陆俭明、马真（1999）的基础上继续考察了时间副词。他们认为，要研究并且确定时制范畴，就应该把词汇手段限制得严格一些，最好把表现语义语法范畴的词汇手段限制在虚词的范围之内，即把归实词类还是虚词类有分歧的副词包括进来。他们将副词表示的时间分为先时（已经、刚

---

❶ 黎锦熙（1924）将"了"、"着"、"来着"认定为助动词。
❷ 引自黎锦熙（1924：128）。

刚)、后时(即将、立刻)、同时(正在、同时)的三类,以光杆形式或后加时体成分的组合入手,考察了能与三时时间副词组合的动词小类❶,然后用时间副词小类、动词小类和与时间副词共现的时体成分构成了下面的格式:

时间副词(小类)+动词(小类)+<u>了</u>/<u>着</u>/<u>过</u>/<u>一下</u>/<u>起来</u>/<u>上来</u>/<u>下去</u>

王松茂(1981)、陆俭明、马真(1999)、马庆株(2000)与马庆株、王红斌(2004)的观点基本相同。他们都认为汉语狭义形态成分较少,很难从狭义形态上考察时制问题。所以他们把形态的意义进行扩大化,把汉语中属于语法范畴的时间副词认定为时制标记,并把范围缩小至虚词之内。在考虑时制标记问题时,确实应该把一些虚化程度较高的时间副词纳入时制标记,但究竟如何"限制得严格一些"还需要更加缜密的探讨。如"正在"可以表示进行体,如果将其认定为时制标记,那么"正在"就是一个时体混合标记了。此外,时间副词表时制的观点还面临着无法解释无时间副词句(如"金鱼死了")中什么表示时制的问题。

崔希亮(2003)认为,动词前表示时间的名词和副词等表达的是事件的外部时间结构(即时制),动词后的动态助词表达的是事件的内部时间结构(即体),光杆动词表达的是习惯性事件。与上述研究不同的是崔希亮(2003)还提出了与奥田靖雄(1977)的"三位一体"理论有共通之处的观点,即他们都认为应该综合地对时制、体、情态和语气进行考察。这种研究方法的必要性在工藤真由美(2014)中得到了进一步的验证,也是今后开展语法研究的一种新思路。

方霁(2000)、尚新(2006)、谢玉红(2017)是从英汉对比的角度对汉语时制进行的考察。他们都认为汉语时制的表达成分是词汇手段,从而忽略了语法手段。如"英语中由时制表达出的时间概念,

---

❶ 动词包括属性动词及动作动词的两个类别。属性动词包括:表判断、同一、归属关系的动词、表可能和估价的动词、心理动词。动作动词包括:活动动词、有时限活动动词、有结果指向动词、有结果实现动词。详见马庆株、王红斌(2004:156-157)。

在汉语中往往通过体标记的时间指向功能来完成"（尚新（2006））的观点，实际上恰恰反映出了动态助词能够兼表时体的功能。方霁（2000）认为说话时间在汉语时制系统中只起辅助作用（相对时制主导），谢玉红（2017）则认为说话时间是汉语句子时制感知的基本参照（绝对时制主导）❶，这都反映出了在考察时制类型及对判断"参照时间"上的误解。因为判断主句事件的时制只能以发话时间为参照基准，但从句（或分句）事件的参照基准却既可以是发话时以外的时间也可以是发话时间。此外，由于任何一个事件都发生于时空之中，单句表达的事件也不例外，所以表面上看是"汉语允许单句时制不定"（方霁（2000）），实际上是时制标记的隐现问题。

时体标记分别论者承认汉语中存在时制体系，认为时制与体属于不同的语法范畴，不能混同对待。他们将"了"、"着"、"过"等动态助词认定为体标记，将"已经"、"正在"、"将要"等时间副词认定为时制标记，用来区别考察体和时制。时体标记分别论的目的是要将时制系统和体系统明确地区分开来，但所面临的问题也有很多。如不能阐明句中仅有动态助词或语气词时的时制标记问题。在会话句中会经常使用"你干嘛呢？"、"他回老家了。"这种没有时间词的语句，应该如何解释这种句子中的时制标记？另外就是不能解释清楚时间副词用于复句时所表示的是绝对时制还是相对时制的问题。如"因为你曾经在英国留学过很长时间，所以明天你就不用参加英语口试了"中的"曾经"，陆俭明、马真（1999）认为"曾经"是表示过去时的定时时间副词，也就是说"曾经"表示绝对时制"过去"。那么，复句中的相对时制由什么表示呢？如果也是"曾经"的话，应该如何理解"曾经"的时间性质？时间副词能否表示绝对时制或相对时制，需要使用各种类型的实例加以进一步的研究。

---

❶ 谢玉红用"说话时间"单一基点取代以往汉语句子情状时制研究所用的双基点（绝对基点、相对基点），建立了以"说话时间"为参照点的汉语句子时制系统。

1.2.3 时体标记混合论

早期明确提出汉语时体混合论观点的是龙果夫（1952）和雅洪托夫（1958）等。自 Comrie（1976、1985）问世后，参考 Comrie 的基本观点以时体同标记为原则的时制研究得到了进一步发展，陆续出现了张济卿（1996、1998a、1998b）、金立鑫（1998）、李铁根（1999、2000、2002）、林若望（2002）、陈立民（2002）、孙英杰（2007）、左思民（2007）、顾阳（2007）及袁莉容、郭淑伟、王静（2010）等众多学者的研究。

时体标记混合论的核心观点是汉语有时制系统，动态助词"着"、"了"、"过"既是时制标记，也是体标记。但是，关于动态助词以外的时制表达，一部分研究者（张济卿（1996）、顾阳（2007）、左思民（2007）等）认为是"时间副词"，另一部分研究者（李铁根（1999）、林若望（2002）、孙英杰（2007）、邹海清（2011）等）则认为可以将时间副词、时间名词考虑进来。

张济卿（1996）举了3个例句：

（1）老王送我一本书。（无标过去句）

（2）我有一辆自行车。（无标现在句）

（3）代表大会将在北京召开。（有标将来句）

他认为汉语的过去时和现在时都有无标句，将来时没有无标句，所以汉语的时制范畴是建立在将来时与非将来时的基础上的。但是，他并没有考虑到（1）句动词"送"在某种场合（如发话人在考虑春节时朋友送自己什么礼物时）也能表示将来、（2）句动词是不接"着"的状态动词等问题。此外，（3）句中即使没有"将"也可以表示将来。这样来看，他提出的"将来—非将来"的时制体系及"应该承认'曾（经）、已经（已）、正在（正、在）、将要（将、要）'等词语是汉语时体标记"的观点也就需要进一步商榷了。尽管如此，他构建的以时间副词和动态助词为标记的时制体系仍然是语法范畴的体系，值得开展进一步深入的探讨。

第1章　先行研究回顾

　　孙伟（2005）在分别考察动态助词"了"、"着"、"过"及时间词语与时制的关系后，提出了动态助词"零"的概念。认为所谓原形动词（或称光杆动词、裸形动词、动词零形式）是指动词后不附加"了"、"着"、"过"的形式，即动词本身。相对于"动词＋了（着、过）"，从形态上我们可以把原形动词以"动词＋0（零）"的形式来表示。❶ 通过考察动态助词"了"、"着"、"过"、"零"的表时功能，他认为汉语中存在以动态助词表示绝对时制和相对时制的语法体系。

　　顾阳（2007）、左思民（2007）、金立鑫（2009）等都认为汉语时制中存在绝对时制和相对时制。顾阳（2007）将考察对象限定在程度副词、焦点副词等副词类和句尾的助词，认为："汉语句子中的这些副词和句尾词并非单纯表示修饰和语气，它们是一个句子中认证与确定时制的不可缺少的成分。汉语没有专门划一的时制形态，但与其他语言一样，汉语句子结构中有时制特征，它一定要得以确认。"左思民（2007）认为"已经/已、曾经/曾、在、没有/没、了₁❷、过、着、了₂❸"等是时体合一标记，既可标记绝对时，又可标记相对时。关于"来着"的意义，他否定了"表近经历态"（龚千炎（1992））及"表示过去的进行和持续"（房玉清（1991））的观点，认为它只表示过去时，不表示体意义。

　　认为时制标记为"动态助词＋时间副词"的观点符合时制属于语法范畴的原则，但有时又无法解释清楚仅有时间名词的句子或"无标"句中的时制。

　　李铁根（1999）将张济卿（1996）所说的"无标"称为动词的"零形式"，认为"零形式"可以在泛时句（如：他姓李；我喜欢下棋；老王起得早）中表示已然。他从绝对时制和相对时制的两个层次对动态助词"了"、"着"、"过"的表时功能进行了详尽的分析，将汉语时制的特点归纳如下：

---

❶ 引自孙伟（2005：38-39）。
❷❸ 汉语的"了"有两个，"了₁"用在动词后，主要表示动作的完成；"了₂"用在句末，主要肯定事态出现了变化或即将出现变化，有成句作用。（吕叔湘1999：351）

· 15 ·

（1）不通过狭义的形态变化来体现时制，而通过分析形式以及零形式来表现；

（2）汉语的时制表达既有词汇手段又有语法手段，词汇手段与语法手段常常具有选择制约的关系；

（3）汉语表示时制意义的语法成分往往附带有表"态"（即体）或表语气的意义，很多都不是单一的表时标记；

（4）绝对时制和相对时制在汉语中均有所反映。

(李铁根，1999：14-15)

李铁根认为时间因素可以是显性的，也可以是隐性的，显性因素由词汇标记或语法标记表示，隐性因素可在时届开放的泛时句或由语境提供时届的句子中得到体现。他将绝对时制分为已然和未然，将相对时制分为异时和同时，构建了包括绝对时制（已然和未然）和相对时制（异时和同时）的汉语时制系统。然而，所谓"已然"和"未然"实际上都是事件的某个局面，它们既可以是将来的"已然"或"未然"，也可以是过去的"已然"或"未然"，不属于时制范畴，属于体的范畴。也就是说，用"已然"和"未然"对绝对时制进行分类是时制与体的概念混淆。此外，李铁根（1999：26）认为"'下了课去你家'是个连动短语，没有绝对时制问题，但有相对时制问题"也需要澄清，因为只要发话人言及某个事件，就一定产生发话时间与事件发生时间的关系，即绝对时制。汉语中存在各种各样的句子，不同的句子会有不同的时制和时制标记，需要精准地进行分析判断。李铁根（1999、2002）考虑到了绝对时制中包括相对时制的混合情况，对"了"、"着"、"过"的使用方法、特征及含义等进行分析，阐述出了"了"、"着"、"过"可以表示绝对时制和相对时制的特征。但他没有对"零形式"的意义、绝对时制"将来"和相对时制"后时"开展深入的考察，显得时制体系不够完整。

林若望（2002）对李铁根（1999）将"了"、"着"、"过"当作既是绝对时标记又是相对时标记的看法表示无法赞同。他认为李铁根的分析等于是说"了"、"着"、"过"是多义性的体助词，拥有两个不同的语义。他指出:"李博士所说的绝对时标记与相对时标记的区别只在于参照点的选择不同而已:前者以说话时间为参照点,后者则以句中时间副词或其他事件的发生时间为参照点。……说话时间只不过是时间参照点的一个例子而已,没有理由因此而必须设立绝对时制。"❶ 据此,他提出了"我们不认为有必要为'了'、'着''过'设立绝对时制与相对时制的区别,这些体助词永远只有相对时意义,而没有绝对时意义"❷ 的观点。林若望(2002)之所以会这样认为,其原因之一在于李铁根(1999)在考察绝对时制和相对时制标记时的随意性(有时说标记是名词或副词,有时说标记是动态助词),另一个原因就在于他对绝对和相对时制的时间参照点上的误解。林若望(2002)认为影响现代汉语时制意义的因素不只是时间副词或上下文,纯句法或纯语义的要素、语用或人类对世界的认知有关的要素也会影响时制的解释。这与崔希亮(2003)和陈忠(2009)的观点一致,是需要加强研究的部分。

孙英杰(2007)与李铁根的观点有相似之处,他认为:"汉语的时制表达既有词汇成分❸,又有语法成分,而且二者之间还存在兼容性问题。"

袁莉容、郭淑伟、王静(2010)在张济卿(1996、1998a、1998b)与李铁根(1999)的基础上展开研究,认为汉语没有构形法范畴,但可以有广义的语法范畴,或者可以说是语义范畴。虽然她们把分析对象扩大为句中的助词、表时副词、特定句式、无标形式等,并对时制进行了分类,但并没有进行详细的分析解释。

时体标记混合论的研究能够揭示出"了"、"着"、"过"在不同时间领域的功能和意义,具有一定的合理性。而"零"标记观点的提出也能够比较完整、清晰地诠释出时制的语法体系,具有创新性。但

---

❶❷ 引用林若望(2002:15)。
❸ 词汇成分包括时间名词(昨天、去年、1995年等)、时间副词(刚、曾经、已经等)、情态动词(会、应该、要),语法成分是体表记词(了、过、(正)在、着)。(孙英杰,2007:5)

同样是时体标记混合论者，在汉语时制问题上看法也不尽相同。首先是时制标记范围的问题。即，应该将时间副词限定在哪几个之内？是否需要将时间名词也纳入时制标记？当然，解决这个问题的前提是必须澄清时间与时制的范围和表达方式。

帅志嵩（2007）提出了时体标记混合论并没有完全解决的问题，一个是必须解决同一时体成分不同辖域的矛盾，另一个是必须解释清楚汉语中参照时间和情状时间之间的关系。时制和体是事件的外部时间表现和内部时间表现，它们既相互对立，又会统一于时体标记。而以何种方式进行的对立统一，则需要更加深入的研究。帅志嵩的第二个问题与时制的分类也有紧密的关联，只有明确地解释出参照时间和情状时间之间的关系，才能够明确个别时制的内涵意义，才能够从整体系统上解释清楚时制范畴。

1.2.4 汉语时制问题思考

除上述标记问题外，在时制系统的分类上也存在着较大的问题。

表1-4 1980年后汉语时制分类摘选

研究者	大类	小类	小类数
王松茂（1981）	绝对时制	过去时、近过去时、现在时、近将来时、将来时	5
陈平（1988）	绝对时制 相对时制	先事过去时、简单过去时、后事过去时、先事现在时、简单现在时、后事现在时、先事将来时、简单将来时、后事将来时	9
李临定（1990）	绝对时制 相对时制	现在进行时、过去时、将来时、过去现在进行时、过去进行时、过去过去时、过去将来时、过去过去进行时、将来进行时、将来过去时、将来过去进行时	11
龚千炎（1995）	绝对时制 相对时制	先事过去时、先事现在时、先事将来时、当事过去时、当事现在时、当事将来时、后事过去时、后事现在时、后事将来时	9

续表

研究者	大类	小类	小类数
张济卿（1998a）	绝对时制	一般现在时、一般过去时、一般将来时、过去完成时、过去经历时、现在完成时、将来展望时、过去起始时、现在起始时、过去进行时、现在进行时、将来进行时、过去持续时、现在持续时、将来持续时、故事体文字中的时制	16
李铁根（1999）	绝对时制 相对时制	已然、未然 // 异时、同时	4
袁莉容、郭淑伟、王静（2010）	绝对时制 相对时制	已然、未然 // 先时、同时、后时	5
谢玉红（2017）	绝对时制	过去、过去之过去、过去以后、现在、将来、将来之将来、将来以前	7

表1-4是摘选1980年以后8个研究的汉语时制分类，从表中可以看出几个问题。第一，多数研究都将时制大类分为绝对时制和相对时制，但也有部分研究认为只有绝对时制。第二，绝对时制和相对时制的下位分类有较大差异。第三，既有将体与时制合并的分类（张济卿（1998a）、李铁根（1999）、袁莉容等（2010）），也有将绝对时制和相对时制合并的分类（陈平（1988）、龚千炎（1995））。

对于汉语有无时制语法体系，目前还有一定的争论。虽然多数研究已经趋向于存在的观点，但由于汉语时制标记的隐现、时间表达的多样性和复杂性，汉语的时制系统仍未得到详尽的诠释。在今后的汉语时制研究中应在明确时间和时制的概念及二者的相互关系之基础上，从构造上认清时制与体的关系，避免时体混同的教研现象。同时，应该将考察对象设定在各种类型的单句和复句，结合"三位一体"理论详细地考察时制的构造及表达方式，明确时制标记的范围，探究时制的表达规律。

1.3　从汉日比较研究出发

日语的时制研究，经过词汇研究、动词变形研究、借鉴西方理论的综合研究等各个阶段，逐渐明确了时间范畴和时制范畴的差异，基本上澄清了日语时制系统的框架、内部构成及表达方式，并且能够从复杂的三位一体表达体系中明确地区分出时制范畴。汉语的时制研究虽然也已经过了近百年的历程，但至今为止仍然存在着很多问题。究其原因，既存在汉语语言特征所造成的客观困难，也有对时制概念、对西方理论的不同理解或固守某种理论等所造成的主观认识错误。基于上述对日汉时制先行研究的考察及所发现到的问题点，我们认为可以从另一个角度——汉日比较研究的立场出发，从以下的基本思路开展进一步的研究。

首先，日语的时制研究也受到了西方理论的影响，但比较清晰地描绘出了时制的框架及其表达系统。因此，我们在借鉴外国时制研究理论的同时，应重视汉语固有的语言特征。汉语的时制系统不是一个独立存在的语法范畴，它与体和情态语气系统及动词本身的时间性有着密切的关联。为清晰地勾勒出汉语时制的面貌，不仅需要分析时制的语法标记在各种句子中的使用方法和意义，也需要考察句中的时间词语及其他影响时制的因素。

其次，应该在整体的时间范畴中考察时制体系。日语的时制主要体现于语法手段，但时间词语也起着决定时间领域的作用。汉语的时间名词、时间副词、动态助词、语气助词、时量词语、方位词、介词（场所）、句子的类型、事件与事件的关系等都能够表示一定的时间概念。需要明确各种时间要素在句中所分担的作用及其在句中隐现的规律，判明时间表达和时制表达的区别。

再次，明确时制类型。有人认为汉语的时制是一个由"绝对三时制"和"相对三时制"构成的体系，也有人将汉语时制划分为"绝对三时、过去相对三时、将来相对三时"。产生这种现象的原因在于没有澄清时制的深层构造。由于文字解释的局限性，使用图形表示法准确地描绘时制和体的内部构造已经成为一种亟待应用的研究方式。

最后，通过汉日比较研究，发现并弥补汉语和日语在时制研究方面的不足。

第 2 章 时间和时制

关于时间与时制，中垫肇解释如下。

为了传达信息内容，语言中必须包含过去或将来的事件。由于过去或将来的自身概念已经形成了层次化，为准确无误地传达这些内容，语言会包含作为词汇的各种时间表达（今天、明天等），语言本身也会进行时间的构造化。这个构造化就是时制。各个民族的语言会拥有各自的构造，这些构造会与各个民族所具有的独自的时间观念所对应。❶

中垫肇将语言的时间体系划分为词汇表达方式和构造化（语法化）表达方式，认为各种语言都会有独自的时间表达体系。

Comrie（1985）将时间表达的总体分为三个类别。第一类是"词汇合成表达"，如"约翰离开后 5 分钟（five minutes after John left）"等。第二类是"词汇项目"，如"今天、昨天"等。第三类是"语法范畴"，仅仅包括如"现在、过去、将来、将来完成"等的语法表达。他指出："时制是表示时间位置的语法表达方式（tense is grammaticalised expression of location in time）。"❷

由此，我们可以清楚地认识到时间系统和时制系统是有区别的，即时间系统的表达方式包括词汇方式和语法方式，而时制系统则多限于语法表达方式。为便于区分语法范畴和词汇范畴的"时间"表达方式，可以将时间的语法表达方式称为"语法表达"，将 Comrie

---

❶ 引自中垫肇（1976：163）。
❷ 参考 Comrie（1985：8-9）。

(1985)所说的谓语句修饰时间词的"词汇合成表达"和表示时间的词汇统称为"词汇表达"。

2.1 日语的时间性和时制

工藤真由美将日语的时间性（temporality）范畴归纳为图 2-1，提出了"时制是义务性的，时间副词是任意性的，作为单词词形变化的时制是核心"（工藤真由美，1995：31）的观点。下面通过例句和工藤真由美的时间表达图观察日语的"语法表达"和"词汇表达"。

```
              ┌─形態論的【テンス】   スル―シタ
テンポラリティー┤                    シテイル―シテイタ
              └─語彙的  【時間副詞】 今に―今頃―今しがた
                                     明日―今日―昨日
                                     翌日―当日―前日
                                     1990年、3月、月曜日、5時
```

图 2-1 日语的时间表达图

(引自工藤真由美，1995：28)

（明日、）中国に行く。／（明天）去中国。（将来）
（いま、）テニスをしている。／（现在）正在打网球。（现在）
（昨日、）実家に帰った。／（昨天）回老家了。（过去）
図書館で3時間、本を読んでいた。／在图书馆读了3个小时书。（过去）

在上述单句中，无论表示绝对时间的"明日、いま、昨日"或表示时量的"3時間"存在与否，都可以从句尾动词的词形中判断出时制。也就是说，日语的表达方式是：「ル」表示将来，「テイル」表示现在，「タ」和「テイタ」表示过去。由于这些时间的判断基准都是绝对的现在发话时间，所以也被称作"绝对时制"。"绝对时制"体现于单句谓语或复句的主句谓语。

日语的复句在概念上与汉语有所不同。野田尚史等（2002：5）

· 23 ·

对日语复句的定义是"复句多被认为是具有句子形态的、两个以上的句子的组合"。那么，Comrie（1985）所谈到的"约翰离开后5分钟（five minutes after John left）"在英语或汉语中可以看作是一个"词汇合成表达"，而在日语则被看作是一个句子。如下面的日语句就是复句。

　　鈴木君が米国に行ってしまった二年後に、彼女は他の男と結婚した。

　　在铃木君去美国的两年以后，她和别的男性结婚了。

　　下面观察日语复句的时制。

　　在日语复句中，主句的时制是绝对时制，从句的时制是相对时制。在绝对时制方面，「ル」表示将来，「テイル」表示现在，「タ」表示过去。在相对时制方面，「ル」表示后时，「テイル」表示同时，「タ」表示先时（高橋太郎（1985）、町田健（1989）、工藤真由美（1995）、今泉喜一（2003）等）。

　　日本へ行く前に辞書を買った。　／去日本之前买了辞典。

　　［从句事件—后时（后续）、主句事件—过去（先行）］

　　日本へ行ったあとで辞書を買う。／去了日本之后买辞典。

　　［从句事件—先时（先行）、主句事件—将来（后续）］

　　日本へ行っているときに辞書を買う。／去日本的时候买辞典。

　　［从句事件—同时、主句事件—将来］

　　上述3个复句中，从句（前句）和主句（后句）的动词词形不同，并且存在时间副词。这种场合，可以根据"动词「ル」形和「マエ（ニ）」表示从句事件后续，动词「タ」形和「アト（デ）」表示从句事件先行，动词「テイル」和「トキ（ニ）」表示主从句事件具有同时性"的原理判断出各个复句中的时间关系和各个谓语的时制。即使将「マエ（ニ）、アト（デ）、トキ（ニ）」分别替换为主语「人は」，

　　日本へ行く人は辞書を買った。／去日本的人买了辞典。

　　［从句事件—后时（后续）、主句事件—过去（先行）］

日本へ行った人は辞書を買う。/去了日本的人买辞典。

［从句事件—先时（先行）、主句事件—将来（后续）］

日本へ行っている人は辞書を買う。/去日本的人买辞典。

［从句事件—同时、主句事件—将来］

这3个复句中的时制关系也不发生变化（不涉及体的情况）。动词的词形变化起决定时制的作用，时间副词的存在是任意性的。

日语复句中的从句时制，原则上可以归纳为表2-1。

表 2-1　日语相对时制及其表达方式

相对时制 \ 表达方式	语法表达	词汇表达
后时	ル	マエ（ニ）
同时	テイル	トキ（ニ）
先时	タ／テイタ	アト（デ）

但是，前后句的动词词形也有相同的时候。

日本へ行くときに辞書を買う。

日本へ行った人は辞書を買った。

在这种情况下，由于句中没有表示先后关系的时间词，仅依靠动词词形就很难判明从句事件与主句事件之间的先后关系，无法明确从句谓语所表示的时制。工藤真由美（1995）认为时制的研究原则上应该以会话句为中心，如果这种复句是会话句，则需要参考会话的前后文、场面背景等因素来判断从句时制。实际上，如果发话人要更加明确地表示出两个事件的前后关系，也可以使用一些时间副词来辅助说明时间关系。

因此，有必要对工藤真由美（1995）关于时间和时制系统的观点进行补充修改，即，"日语的时制是义务性的，作为单词词形变化的时制是核心，单句中的时间副词是任意性的，复句中的时间副词要根据该复句的构成来判断是义务性还是任意性"。

2.2　汉语的时间系统和时制

何伟、马瑞芝（2011）分别从体、时制、时相、时间词等方面着手，对前人在汉语时间系统领域所做的研究进行综述后，提出了"由于所用的标准不同，研究的角度和侧重点各异，不同学者对汉语时间系统的理解也不尽相同，对汉语时间系统的研究显得较为凌乱"的看法。

我们认为造成"汉语时间系统的研究显得较为凌乱"的原因在于对"时间系统"概念的认识问题。

陈平建立了一个"时间系统三元结构"。这是一个由时相（phase）、时制（tense）、时态（aspect）组成的汉语时间系统，他认为"句子的时间性特征主要取决于时相、时制和时态三个子系统的有关特征以及它们之间的相互关系"（陈平，1988：402）。龚千炎（1995）按照陈平（1988）的"汉语时间系统的三元结构"理论考察了汉语的时制，指出现代汉语的时间系统是一个"词汇·语法范畴"。陈平（1988）和龚千炎（1995）都认为汉语的时制表达主要是采用词汇手段，从而没有关注时制的语法表达手段。此外，由于在他们的研究中还存在将情状与时相混淆的问题，这个三元结构的系统并没有得到广泛的认可。

张济卿（1998a、1998b）、李铁根（1999）考察的是"时间+时制+体"，但并没有使用时间系统、时间结构或时间范畴之类的概念。

张济卿（1998a、1998b）综合考察了时制与体的两个范畴后提出了15种时体类型。张济卿认为，它们的表达方式除了一部分句子直接通过词汇意义（如时间词等）来表示之外，基本上是通过"将、会、要、在、了、过、着"等语法标记、以将来时与非将来时的对立为中心的排他式解析方式、谓词语义中所包含的体因素，这三方面因素有机地结合在一起而构成的。张济卿（1998a、1998b）的研究意义在于：(1) 明确了时制和体是分别存在的范畴；(2) 把"将、会、要、在"纳入语法标记；(3) 认识到了谓词语义中的体含义。

李铁根（1999）考察了动态助词"了"、"着"、"过"的使用情况，进一步揭示了它们所具有的时间性特征及其在汉语时制表达系统中所处的地位。他认为时间的参考标准有：(1) 说话人说话的时间为标准的绝对时间（今天、明年……）；(2) 纪年标准（1997年、十月一日……）；(3) 天文标准（春天、冬至……）；(4) 事件标准（出国之前，"我下了课给你打电话"中的"下了课"……）。其中（1）—（3）是词汇表达，（4）是语法表达。李铁根列出了时间的词汇表达方式，提出了"汉语的时制表达既有词汇手段又有语法手段，词汇手段与语法手段常常具有选择制约的关系"的观点。他认识到词汇表达在句中的作用，虽然没有从整体上谈到时间和时制的关系，但实际上是将表示时间的词汇表达与表示时制的语法表达统一到了时间范畴。

还有一种观点就是用"时间系统"来统括时制、体、时间词句等所有与时间相关的分野。我们认为有必要澄清这个术语。

Comrie 将"时制"定义为"Tense relates the time of the situation referred to some other time, usually to the moment of speaking"（Comrie，1926：3），将"体"定义为"aspects are different ways of viewing the internal temporal constituency of a situation"（Comrie，1926：8）。山田小枝（1988）将第一句翻译为"テンスは、さしだされた場面の時間をべつの時間に、ふつうは発話の瞬間に関係づける"，将第二句翻译为"アスペクトは場面の内的時間構成をとらえる、さまざまなし方である"。从英语和日语的定义可以看出，"时制"直接与"（发话瞬间等）时间"发生关系，但是"体"表达的是某个局面，体并不与时间发生关系。从严格的定义上讲，时制属于时间范畴，而体是一个独立的范畴。用"时间系统"来统括时制、体、时间词句等所有与时间相关的范畴是一种广义的概念，"时间"、"时制"、"体"在表达方式上可能会有重合部分，但它们之间并不存在隶属关系。结合与日

语的对比，可以用图 2-2 来表示汉语的时间系统。

```
汉语时间系统 ┬ 时间范畴 ┬ 时间词 — 词汇表达
（广义）      │ （狭义） └ 时制 — 语法表达
              └ 体范畴   ┬ 语法表达
                        └ 词汇表达
```

图 2-2　汉语时间系统

汉语有一个广义的时间系统，包括时间范畴和体范畴。时间范畴是一个狭义的概念，时间范畴指的是事件发生的外部绝对时间或相对时间（时间上的先后顺序），包括用时间词（时间名词和时间副词）表达的时间体系及用语法形式表达的时制体系。体范畴并不与外部时间直接关联，体范畴指的是事件的内部局面（进行中或完成等），包括用语法形式表达的语法体和用词汇意义表达的词汇体。

2.3　日语的时间词与时制

现代日语的时制研究，自从金田一春彦（1955）开始就将时制标记定位于语法范畴。此后，关于时间词语的研究中陆续出现了久野暲（1973）对「ウチニ、マエニ、テカラ、アトデ、ナラ、タラ、ト」等副词从句的考察，工藤真由美（1989、1995）对「マエニ、トキニ、アイダニ」所表主从句时间关系的考察，中村ちどり（2001）对「に」与动词共起关系的考察等。

工藤真由美详细考察了日语时制和体的问题。她指出：体和时制是由 marked form（有标形式）与 unmarked form（无标形式）的互补对立关系所形成的一般语法意义；体和时制，既表示内部时间（的样态）还表示（发话时间与）外部时间上相互对立，同时又在均表示时间上统一（工藤真由美，1995：36）。关于时间词与时制问题，她将日语的时间性（temporality）范畴归纳为图 2-3。

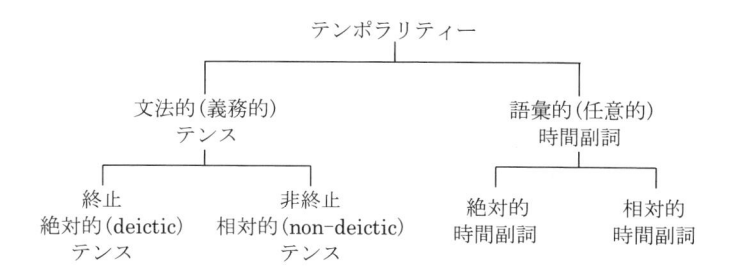

```
                    テンポラリティー
                    ┌──────┴──────┐
              文法的(義務的)      語彙的(任意的)
                テンス              時間副詞
            ┌─────┴─────┐      ┌─────┴─────┐
          終止        非終止      絶対的        相対的
       絶対的(deictic) 相対的(non-deictic) 時間副詞      時間副詞
          テンス        テンス
```

图 2-3 日语的时间性范畴图

（引自工藤真由美，1995：178）

工藤真由美提出了"时制是义务性的，时间副词❶是任意性的，作为单词词形变化的时制是核心"（工藤真由美，1995：31）的观点，将日语时制「文法性＝形態論」范畴的认定标准设定为：

(1) 义务性（强制使用）；

(2) 包括性（涉及所有动词或谓语形式）；

(3) 规则性（存在相同形式的指标）；

(4) 抽象性、一般性（脱离词汇意义）；

(5) 范例的对立性（互补的对立关系）。（工藤真由美，1995：29）

她认为由此可以认定日语时制是具有典型形式的形态论范畴。

关于绝对时制，工藤真由美（1995）的考察结论可归纳为如下内容。

在会话句中，时制意义在于表示以发话主体的发话行为时间为基准的绝对性"过去—非过去"的对立，"过去—现在—将来"的概念与发话主体的态度（语气）有关。在文学作品陈述句中，现代日语的时制研究，原则上应该以会话句为中心，考察发话主体的发话行为与场面的关系，分析时制表达的最基本意义及功能。在与发话场景没有事实关系的陈述句中，时制表达形式的意义和功能会发生变化。过去式在具有表示"叙事诗形过去（现在）"功能的同时，作品中的人物

---

❶ 这里所说的时间性副词，日语称作"時間的副詞"。它包括汉语概念上的"时间名词"和"时间副词"。详见工藤真由美（1995）第 179 页。

（第三人称）也具有 1.5 人❶称的功能。（工藤真由美，1995：165 - 220）

工藤真由美（1995：98 - 100）还根据 Reichenbach（1947）的时制构造理论，通过解释已然体（perfect）等形式，阐述了体、时制、时间词语的意义及相互关系。

例1　然し私は今その要求を果たしました。もう何もする事はありません。この手紙が貴方の手に落ちる頃には，私はもうこの世にはいないでしょう。とくに死んでいるでしょう。（夏目漱石『こころ』）

但是，我现在已经完成了那个要求。已经没有任何事可做了。当这封信到你手里时，我大概已经不在这个世界上了。已经早就死了吧。

例2　「…いつかも言ったでしょう。私は1年半前に探偵に源太のことを調べさせているんですよ。知っていて当たり前じゃないですか」（由良三郎『葬送行進曲殺人事件』）

以前不是跟你说过嘛！我一年半前已经让侦探调查过源太的事情。我知道这事，那不是理所当然的吗？

例3　明治20年の暮，吟子は基督教日本組合教会の関東地区例会で，大宮教会の牧師，大久保慎次朗夫妻を知った。この年の7月，海老名弾正は家庭内の不幸で転勤できなくなった親友横井時雄の替わりに熊本へ転勤することになり，本郷教会を去っていた。（渡辺淳一『花埋み』）

明治20年末，吟子在基督教日本组教会关东地区例会上认识了大宫教会的牧师——大久保慎次郎及其夫人。同年7月，由于好朋友横井时雄家中出事而不能去外地工作，所以海老名弾正只能替他去熊本县赴任，从而离开了本乡教会。

---

❶　小说中以"我"为原点的第3人称。

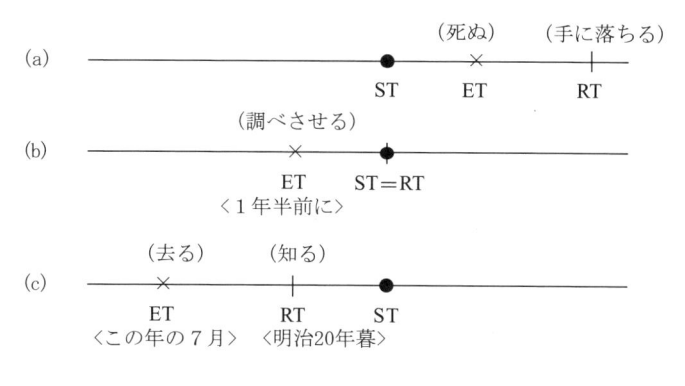

```
                                    (死ぬ)    (手に落ちる)
(a) ─────────────●──────×──────┼────────
                 ST     ET     RT

        (調べさせる)
(b) ──────×────────●────────────────────
          ET       ST=RT
       〈1年半前に〉

        (去る)  (知る)
(c) ──────×──────┼──────●────────────────
          ET     RT     ST
       〈この年の7月〉〈明治20年暮〉
```

图 2-4　时体和时间词语的意义关系

（工藤真由美 1995：100）

图中，ST（speech time）表示发话时间，ET（event time）表示事件发生时间，RT（reference time）表示参照时间，ST 的左侧为过去、右侧为将来。通过例句和图形可以确认：例 1 是将来已然体，由动词「死ぬ」的「ている」形表示；例 2 是现在已然体，由动词「調べさせる」的「ている」形表示；例 3 是过去已然体，由动词「去る」的「ていた」形表示。也就是说，「ている/ていた」在表示已然体的同时也表示时制，时间词语在句中的作用是限制时间区域，并不表示 RT。

关于相对时制，工藤真由美（1995）是工藤真由美（1992）的升级版。除对部分表格进行了局部修改以外，研究进一步探讨了区分「スル、シタ、シテイル、シテイタ」在从句中表达的是相对时制还是体的问题，也涉及从句动词词形可否互换使用的问题（会话句中，过去式与非过去式的互换基本不发生；陈述句中，会发生过去式与非过去式的互换）。工藤真由美（1995）对相对时制的研究明确了以下几点。

（1）现代日语时间从属复句的体系是由继起性或同时性的横向组合（syntagmatic）时间关系（顺序）所构成。

（2）明确继起性与同时性这两种顺序关系非常重要，这不仅能够为「スル—シタ」实现相对时制的对立或实现体的对立提供条件，也

可以为「スル—シタ」能否在会话句中表示绝对时制提供依据。

（3）这种法则不仅适用于时间从属复句，也适用于其他类型的从属复句。

工藤真由美（1995）对时制的研究，使现代日语的时制体系得以更加明确，澄清了语法表达和词汇表达在句中的作用和意义。尽管此后也有关于时制的研究，但主要集中在体与时制的关系（副島健作（2007）、須藤義治（2010））、时制与情态的关联性（工藤真由美（2014））等方面。由于形态标记「ル、タ、テイル、テイタ」既表时也表体的观点已经在日语时体范畴的研究中形成共识，对时间词语和语法标记有没有制约关系的考察并不多见。

2.4　汉语的时间词与时制

当描述某一事件时，可以将其置于时间轴上进行观察。发话人以发话时点为基准观察事件的发生时间，当事件发生于发话时点以前时可以得到"过去"的时间概念，当事件发生于发话时点以后时可以得到"将来"的时间概念，当事件发生时间与发话时处于相同位置时可以得到"现在"的时间概念。在表示这些时间概念时，汉语可以使用各种各样的表达方式。

如表示过去事件时可以只使用时间名词"去年"，也可以只使用时间副词"曾经"，也可以只使用动态助词"了"、"过"，或者使用时间名词或时间副词与动态助词"了"、"过"并用的方式。同样，为表达现在事件，可以使用时间名词"现在"与时间副词"正在"并用的方式。这种表达方式同样用于表示将来事件。表示事件的发生时间时，汉语不仅使用"动词+动态助词"的形式，也会同时使用一些时间名词或时间副词。

汉语中的时间词包括时间名词和时间副词。关于是否应该把时间副词当作时制标记的问题，大多数学者都持有肯定的意见，不同之处在于应该认可的数量上。如，张济卿（1996、1998a、1998b）认为应该承认"曾（经）、已经（已）、正在（正、在）、将要（将、要）、会"等是汉语时体的语法标记，而陆俭明、马真（1999）则认为所有定时时间副词都表示时制。关于是否应该把时间名词当作时制标记的问题，持肯定意见的研究者占少数。

2.4.1 时间名词与时制

龚千炎（1995）、李铁根（1999）等都认为时间名词也表示时制，陈忠（2009）则以整体时间系统的视角观察了时间名词。

龚千炎（1995）指出：

> 现代汉语时制表示一般采用的是词汇手段——时间词语，包括时间名词、方位名词、时间短语、方位短语、介词短语等。……至于说话的时间则由于语言环境或上下文的作用，汉语里有时不须说出，也就是不用词语表示。汉语的时制结构系统是由说话时间与事件发生时间、另一参照时间与事件发生时间纵横交错所构成。（龚千炎，1995：34）

与陈平（1988）一样，龚千炎（1995）也是根据 Reichenbach（1947）的时制结构列出了"先事—过去时、先事—现在时、先事—将来时、当事—过去时、当事—现在时、当事—将来时、后事—过去时、后事—现在时、后事—将来时"的九种相对时制形式。在他的解释中有以下例句（龚千炎，1995：35）。

例 4 上个月他就说，今天会发生事故的。（后事—现在时）
　　　　R　　　　　S

　　　——对 R 来说，时间发生在后；对 S 来说，时间发生在当时。

例 5 那年冬天，祖母死了，父亲的差使也交卸了。（当事—过去时）
　　　　R

　　　——对 R 来说，时间发生在当时；对 S 来说，时间发生在过去。

例6 现在这个时候，他正在伏案工作。（当事—现在时）
　　　R、S
　　　——对R来说，时间发生在当时；对S来说，时间也发生在当时。
　　　（R：另一参照时间；S：说话时间。）

首先，相对时制表示的是两个（或两个以上）事件在发生时间上的先后或同时关系，并不是对事件发生时间与时间名词所进行的比较，在这一点上，龚千炎（1995）把时间名词当成了R，在概念上有所混同。其次，例4中有两个时间名词，从句子类型上判断，这是一个单句，"说"是谓语动词，"今天会发生事故的"是宾语，绝对时制应该反映在"说"的事件上，应该是"过去"。最后，例5和例6中都有时间名词，但句中也有表示时间的语法手段，它们分别是例5的"了"、例6的"正在"。即使删除例5、例6中的时间名词，仍然可以根据"了"和"正在"判断出例5事件为过去时制，例6事件为现在时制。由此可以说，时间名词表示的仅仅是事件发生的时间，并不是时制，表示时制的是语法手段。

李铁根（1999）一方面肯定动态助词"了、过、着"可以表示时制，另一方面又提出了"汉语的时制表达既有词汇手段又有语法手段，词汇手段与语法手段常常具有选择制约的关系"的观点。李铁根的时制分类法：时制包括绝对时制和相对时制，绝对时制包括已然（现在、过去）和未然，相对时制包括异时和同时。他首先考察了时间名词的绝对时制作用。

例7 他昨天休息。（已然句）[1]
　　　彼は昨日休んだ（/休んでいた）。
例8 他明天休息。（未然句）
　　　彼は明日休む。

---

❶ 例7至例13引自李铁根（1999：17-25）。

例 9 我前年就认识他。(表过去时间)

私は一昨年から彼を知っている。

例 10 我刚刚认识他。(表现在时间)

私はいま彼と知り合った。

例 11 他以前最怕老鼠(表过去时间),现在一点也不怕了(表现在时间)。

彼は以前は鼠を恐れていたが、今は全然恐れない(恐れていない)。

上述例 7 至例 11 是在解释时间名词表示绝对时制时使用的例句,日语句是笔者附加的译文。日语的各个例句中,尽管已经有了时间名词,但仍然要使用语法手段表达时制,说明在日语时制标记的使用上语法手段具有义务性、词汇手段具有任意性的特征。

汉语的时间名词表达的不是时制,而是包括时点和时段的时间领域。其原因在于:(1)时间名词不是语法手段;(2)很多使用了时间名词的语句中都存在省略语法手段的现象;(3)有时间名词的语句中经常会发生时间名词与语法手段,特别是与动态助词的分工合作现象,即,词汇手段与语法手段在句中彼此协作表现类似"时间结构"的意义,并制约着动态助词的隐现(陈忠 2009)。如,可以将例 7 至例 11 转换为下面附加有语法手段的句子。

(a) 他昨天休息了(/过/过了)。

(b) 他明天休息。(零形式=动态助词"零")

(c) 我前年就认识他了。

(d) 我刚刚认识他的[1]。

(e) 他以前最怕老鼠(了),现在一点也不怕了。

此外,李铁根(1999)使用的动词都是状态动词,如果是动作动词,则都需要使用动态助词。

---

[1] "(是)……的"的"……的"处于句末的动词之后,往往表示过去完成(房玉清,2008:320)。

例 12　明天我已经离开了学校。

例 13　后年我大概已经在读着博士学位了。

例 14　明天我到你家时，你恐怕已经吃过晚饭了。

李铁根认为例 12 至例 14 都是未发生的事情，句首的时间词语标明了全句的未然形。但他把这些时间词语认定为参照时间，把动态助词认定为相对时制的标记，认为"了"表示"先时"，"着"表示"同时"，"过"表示"前时"。实际上，有相对时制的句子只是例 14，例 12 和例 13 中都没有相对时制，其中的时间名词仅表示动作发生的时间领域。❶

汉语时间名词根据其意义可以分为表示定时（将来、现在、过去）的时间名词（句）和表示不定时的时间名词（句）。

表示定时的时间名词（句）包括：

将来：明天、将来、以后、当战争从世界上消失的时候等。

现在：今天、现在、此时、我们正在吃饭的此时此刻等。

过去：昨天、过去、以前、第二次世界大战爆发以前、1965 年等。

表示不定时的时间名词（句）包括：

春节、9 点、最近、掌灯时分、在……之后（以后）、在……的时候、在……之前（以前）、等我到北京的时候等。

1) 表示将来的时间名词

例 15　<u>明天上午八点</u>，我们从学校出发。

例 16　<u>从明年起</u>，我要到首都大学学习专业。

例 17　<u>明天一大早</u>，我们将要去爬山。

表示将来的时间名词都是定时时间名词，所以句中的语法手段都是"零"。时间名词也可以和表示将来意义的时间副词一起使用，如

---

❶　陈平（1988）、龚千炎（1995）、李铁根（1999）等的汉语时制研究与工藤真由美（1995）、中村ちどり（2001）的日语时制研究都借鉴了 Reichenbach（1947）的时间系统分析理论，但在汉语相对时制研究中存在时间词与事件时间相比较的现象，日语研究中则没有。

例16的"要"或例17的"将要",但不影响动态助词"零"的使用。

2)表示现在的时间名词

例18 此刻,他那只手在擦着眼镜。(罗广斌、杨益言《红岩》)

例19 他曾经是她的伴侣,但是现在,两个人的脚边都放着各自的简单的行李。(曹禺《日出》)

例20 第一次进这个大院时我充满了自豪。而现在,我的胸中充满害怕。(毕飞宇《上海往事》)

例21 这些理论上的问题,我们到小组里讨论,现在单讲实际问题。(茅盾《子夜》)

例22 恰在这时,远处出现了汽车引擎的响声。(罗广斌、杨益言《红岩》)

例23 萧文此刻才明白,人生是不可逆转的。(张成功、杨海波《刑警本色》)

所谓"现在"时间,从精准的时间意义上看,只有发话时时间。例18是时间名词与"在"和"着"表示出的现在进行中的动作,例19是时间名词与"着"表示出的现在状态持续。在这两个句子中,即使不用时间名词,"在"和"着"也能表示出现在时间的意义。例20也是现在状态持续,只不过是动词"充满"后面省略了"着"(或"了")❶。例21中虽然使用了时间名词"现在",但这个"现在"并不是发话时,而是指此后不久,属于将来范畴的"现在(近将来)",所以动词"讲"后面是零。与例21相反,例22和例23的"恰在这时"和"此刻"是属于过去范畴的"现在(近过去)",所以例22的动词"出现"后会使用"了",例23的动词"明白"后以省略"了"的形式来使用。表示"现在"的时间名词大多包括说话时间和说话时间前、后的三种意义,因此,这种时间名词表示的时间领域会有所不同,而伴随这种不同而使用的其他表时词语也会发生变化。

---

❶ 关于"着"与"了"的互换,请参考本书第4章。

3）表示过去的时间名词

例 24 当时，我的家仍住在北京魏家胡同 39 号院内。（从维熙《走向混沌》）

例 25 就在那天深夜，嘉陵江春水发了。（罗广斌、杨益言《红岩》）

例 26 十分钟以前，长官公署已下令停火。（罗广斌、杨益言《红岩》）

时间名词可以用多种形态表示事件的发生时间属于过去范畴。从表面上看，例 24 是由时间名词单独表示的过去，但实际上是因为"当时"是表示过去的定时时间名词，当句中存在这种时间名词时，其他的表时要素就有可能隐现。如例 25 中使用了动态助词"了"，例 26 中使用了时间副词"已"（没有用"了"），等等。

4）表示不定时的时间名词

例 27 春节的时候，我们去西安。

例 28 两年以后，我们也来到了北京。

如果句中使用的是不定时的时间名词，则句中就需要使用动态助词"零"、"了"等语法手段来表达事件的发生时间。

2.4.2 时间副词与时制

关于时间副词能否表示时制，绝大多数研究者都持肯定意见。但关于哪些时间副词能够表示时制，则有较大的分歧。其中有人认为时间副词就是时制标记的（陆俭明、马真（1999）、马庆株（2000）、崔希亮（2003）等），有人认为应该将作为时制标记的时间副词限定在"曾（经）、已经（已）、正在（正、在）、将要（将、要）"等少数副词之内（张济卿（1996）、左思民（2007）等），也有人认为"词汇手段与语法手段具有选择制约关系"或"词汇手段与语法手段在句中具有彼此协作、制约关系"，从而未进行数量限定的研究（李铁根（1999）、陈忠（2009）等）。

陆俭明、马真（1999）将时间副词分为定时时间副词和不定时时间副词，认为定时时间副词表示时制，不定时时间副词表示体，进行了如下两种细分类。❶

(1) 定时时间副词分为以下3种。

表示将来：早日、及早、趁早；终将、终久、终归、总归、必将、迟早、早晚；先行。

表示现在：至今。

表示过去：曾经、曾；业已、业经；从来、从、向来、一向、素来、素、历来；终于、毕竟、到底；一度。

(2) 不定时时间副词分为表示（或兼表）以下内容的18种。

已然（已经、早就）；未然（将要、就要）；进行（正、正在、在）；短时（刚刚、立刻）；突发（忽然（间）、骤然）；短时、突发（顿时、登时）；早晚（就、便、才）；先后（事先、然后）；常偶（时常、有时）；永暂（永远、暂且）；永常（老、总、一直）；缓慢（渐渐、逐步）；同时（同时、一齐、一同）；随时（随时）；守时（按时、按期）；延续（还是、仍然）；最终（终究）；其他（现、临）。

张谊生（2000）在考察了汉语副词的性质、类别及变化过程等后指出：

> 现代汉语副词的范围之所以比较难以确定，就是因为有相当一些副词的虚化过程尚未彻底完成，有些已经虚化的副词还保留实用法，有些副词则由于表达的需要还在继续虚化。还在少数虚化之后又转向实化。如果我们明白了其中的道理，那么，也就可以理解：从发展的角度看，现代汉语的副词实际上是一个动态的、可变的范畴，只能有一个模糊的、大致的、带有一定的主观性的范围，任何明确地规定现代汉语副词范围的尝试都只能得到一种近似的、暂时的结果。（张谊生，2000：373 - 374）

---

❶ 详见陆俭明、马真（1999：99 - 125）。

张谊生（2000）并没有对时间副词进行内部分类，只是将能够表示时间的副词（正在、刚刚、已经、曾经、将要、至今、登时等）统一归入"时间副词"类。

邹海清（2011）认为真正典型的现代汉语时间副词的数量应有100—110个，他没有从表示"将来、现在、过去、已然、未然、短时、瞬间"等具体含义对时间副词进行分类，而是将时间副词分为：

（1）量化义时间副词。

　　一直、始终、姑且、常常、有时、暂且、时不时、屡次等。

（2）届变义时间副词。

　　曾经、终将、早已、将要、立刻、及早、登时、骤然、猛地等。

（3）过程义时间副词。

　　正在、在。

邹海清（2011）提出了"由于时间副词在功能上不具有普遍性，所以不能把时功能作为分类的依据"的观点。

由此可见，汉语的时间副词虽然可以表示某种时间性，但对于时间副词能否或如何参与表示时制，还需要更加深入的考察。

1）"终将""将要"类时间副词

这类时间副词主要有"早日、终将、迟早"等和"即将、将要、就要"等。陆俭明、马真（1999）将前一类划分为表示将来的定时时间副词，把后一类划分为表示未然的不定时时间副词。

例29　この力の為めに支配されるのを常に口惜しく思っているのではあるが、それでもいつか負けて了う。征服されて了う。（田山花袋『布団』）

　　　他对受这种力量的支配而经常感到遗憾，然而，他迟早要被打败、被征服。

例30　そんなの人間関係とも呼べないでしょう？そしてあなたはいつか私にうんざりするのよ。（村上春樹『ノルウェイの森』）

那也称不上是人与人的关系吧？再说，你也早早晚晚要对我生厌的。

汉语例 29 的"迟早"与例 30 的"早早晚晚"与日语的时间副词「いつか」对应，日语动词是「ル」形，汉语动词是后接"零"的形式。因此，时间副词表达的仅仅是时间范围而不是时制，表达汉语将来时制的是"零"。

例 31 さし当ってかねを作る予定はない。しかし何とかしてこの急場を凌がなくては、重大な事になる。（石川達三『青春の蹉跌』）

此刻，钱还没有着落。可是现在闯不过这个难关就要发生重大事件。

例 32 一組が崩壊し、一組が誕生しようとしている！どちらも、自分にとっては余り感心すべきことではなさそうである。（井上靖『あした来る人』）

一对即将解体，一对就要诞生！对自己来说，似乎哪一对都不值得欢欣鼓舞。

汉语例 31 的"就要"与例 32 的"即将"也不表示时制，它们表示的是离事件发生时间的距离，这一点可以从日语对应词中判断出。在日语中，例 32 的「誕生しようとしている」比例 31 的「なる」更接近事件的发生时间。

例 33 しかし、慈海に躯をゆるそうとした瞬間、障子にうつった影は何だったろう。里子はふとおびやかされている自分を知った。（水上勉『雁の寺』）

但是，就要委身给慈海的一瞬间，印在纸门上面出现的那个影子是什么呢？里子忽然知道有一种力量在威胁自己。

例 34 私はもう少しで、貴方に対する私のこの義務を放擲するところでした。（夏目漱石『こころ』）

差一点我就要放弃我对你的这个义务了。

例35　他一直向往的理想生活，本来已经就要实现，可现在一下子就又破灭了。（路遥《人生》）

彼がずっとあこがれていた理想の生活は，本来はもう実現しようとしていたのに，今はあっという間に破滅してしまった。

上述例33至例35中涉及的都是过去事件。与"就要"对应的日语可以根据表达的语气和动作或状态的局面使用多种形式，但都需要使用过去式进行表达。这说明"就是"并不局限于表示"将来"事件。

2）"正在"类时间副词

例36　今一学校の連中はどうしているだろう。（島崎藤村『破戒』）

学校里的一伙子人正在干什么？

例37　野だが大人しくなったなと気が付いて、ふり向いて見ると、いつしか艫の方で船頭と釣の話をしている。（夏目漱石『坊ちゃん』）

俺忽然想到，怎么"蹩脚帮"这时不吭声了呢，俺回过头去一看，他不知从什么时候起，正在和船老大谈论着钓鱼的事。

例38　私はその時書物や衣類を詰めた行李をからげていた。（夏目漱石『こころ』）

那时我正在捆绑装满书籍和衣物的行李。

"正在"（或"正"和"在"）表示动作正在进行中或状态在持续中（房玉清，2008：393），但这仅仅是从体的角度所进行的定义。实际上，当没有时间名词和其他的时间副词时，"正在"也表示"现在"的时制。汉语的"正在"可以和日语的「テイル」句和「テイタ」句对应。例36中的日语「テイル」句中虽然有表示现在的时间名词「今」，但是汉语并没有使用"现在"之类的时间词语，其原因就在于单独使用"正在"也可以表示现在时制，例37就是另外一个例子。当句中有表示过去时间的词语时，如例38所示，"正在"与「テイタ」对应。这时，时间名词和时间副词（或动态助词）就产生了分工协作关系，时间名词确定事件发生的时间领域，"正在"表示动作进行中。

3）"已经""曾经"类时间副词

"已经"和"曾经"都是表示动作和状态的出现早于某一特定时间或说话时间，有时以单音节的形式——"已"或"曾"——出现（房玉清，2008：391）。

例39　「だって決りましたもの。当事者，二人賛成ですから，問題はありませんわ。　」（井上靖『あした来る人』）

"可是已经决定了。当事者双双赞成，不就一了百了了！"

例40　「気が合いませんの。もういやです。」（井上靖『あした来る人』）

"性格不合，已经腻了。"

例41　店の前の通りはすっかり暗くなっていた。（井上靖『あした来る人』）

店前的路面已经完全笼罩在黑暗之中了。

例42　雨の音はもう聞えなかった。（井上靖『あした来る人』）

雨声早已悄然止息。

例43　皇帝の威徳は世界にあまねく拡がっており，外国人はわれわれと一体になりたいと願っている。ただもしい学者だけが狭い管の穴からものを見ているが，頭のよい人がすべてを一瞥のうちに見とおしている。（平川祐弘『マッテオ・リッチ伝』）

皇帝之威信遍及全世界，外国人也希望和我们求大同。只有那些卑鄙的学者还存有管见，聪明的学者早已认识到这一点。

例44 今日は、元気な人も、明日は白骨になっているかもしれない。「一寸先は闇」である。（岡本常男『ビジネスマンのための「心の危機管理術」』）
今天还是身体健康、精力充沛的人，也许明天已成白骨。这也就是所谓"前途莫测"。

"已经"既可用于表示过去事件的句子，也可以用于表示非过去事件的句子。例39至例42描述的是过去事件，日语句中无论是否使用与"已经"对应的时间副词「もう」或「すでに」等，动词都是表示过去的「タ」或「テイタ」形。例39至例41的汉语句中，尽管使用了"已经"，但仍然同时使用了动态助词"了"，说明语法手段"了"在表示时间上起决定性作用。当然，与时间名词的使用方式一样，当时间副词能够单独表示出事件的时间性时，也可以省略语法手段，例42至例44就可以理解为省略了"了"。

例43是现在事件，例44是将来事件。日语使用表示非过去的动词「テイル」形，汉语既可以使用"已经＋V（V表示动词，下同）了"的形式，也可以使用省略"了"后的"已经"句来表示这两个非过去的事件。

例45 彼はかつて康子にむかって言ったことがある。「人間というものはね、何よりも大事なのは信義ということですよ。誠実さということですよ…」（石川達三『青春の蹉跌』）
他曾经对康子说过："一个人最重要的是讲信义，要诚实……"

例46 自分は、かつてこんな風にして、人から温かく迎えられたことがあったであろうか。（井上靖『あした来る人』）
自己以往曾被人如此温暖地欢迎过吗？

例47 井上靖（一九〇七〜一九九一）…。かつて、日本ペンクラブ会長と国際ペンクラブ副会長の任に当たった。

(羅興典（編）『日本戦後名詩百家集』)

井上靖（1907～1991）……曾任日本笔会会长和国际笔会副会长。

"曾经"或"曾"多与"过"配合使用，表示过去的经历等。如例45、例46所示，与"曾经"对应的日语词汇表达方式是「かつて」，但句中仍然要使用语法表达方式「Vたことがある（/あった）」。也就是说，最重要的表达方式仍然是语法形式。当不表示过去经历时，如例47所示，日语可以使用「タ」或「テイタ」表示一个过去事件的某个局面。同样，使用"曾经"的句中也可以省略"过"，但省略"过"的句子大多是状态动词句，这样的动词句即可表示过去的经历，也可以表示过去事件的某个局面。

汉语的时间名词和时间副词都可以表达时间意义。句中存在时间名词或时间副词时，会出现省略动态助词的现象。这是因为如同"已经……了/过了""曾经……过"的使用方式，时间名词或时间副词与动态助词之间存在着一种协作关系（有时是固定搭配），当其中一方的时间意义得以确认时，另一方就可以省略的缘故。特别是需要表明事件的具体时间时，被省略的往往是动态助词。时间名词和时间副词中都有表示绝对时间和相对时间的词语，但它们都属于词汇范畴，是表达时间范围、确定时间领域的词汇表达方式，并不是语法形式的时制标记。汉语"正在"是一个虚化程度极高的虚词，它经常与动态助词"着"和语气词"呢"搭配使用。据我们的调查，汉语的时间副词几乎都有与其对应的日语时间副词，唯独"正在"没有合适的对应词汇，只有语法对应形式「テイル/テイタ」。这如同英语将"will (shall)"认定为时制标记一样，应该将"正在"看作是汉语的时制标记。此外，从使用的角度看，动态助词"着"经常需要与"正在"或"呢"搭配使用才能表示动作进行，而"正在"却可以单独表示。这也可以算作一个将"正在"认定为时制标记的理由。

所有的动作或状态都是生起于时间范畴内的。无论是日语还是汉语，在表示事物的发生时间时，都有各自的表达方式。日语可以通过动词的「ル、タ、テイル、テイタ」形表示时制，汉语可以通过不同的动态助词表示时制。对两种语言来说，时间词都是有共通性质的时间表达方式。在日语中，形态变化是判断时制的基本手段，时间词是判断时制的辅助方法。在汉语中，由于时间名词或时间副词的存在，动态助词的时体功能往往容易被忽略，但从形态构造上观察，每个动词后面都有插入动态助词的位置。因此，在日常生活中认知事件的发生时间时，可以按照观察"时间名词→时间副词→动态助词"的顺序进行理解，但在研究时体系统时则需要遵循"动态助词→时间副词→时间名词"的顺序开展考察。

第 3 章　谓语类别与时间性

3.1　日语的谓语

金田一春彦（1950：7-12）以能否使用「ている」形为基准，从体的视角考察了日语动词，提出了日语"动词四分类"的观点。

第一类动词（状态动词）：不能使用「ている」形，超越时间、表示状态。

包括：「ある」（有）、「である」（是）、表示可能的「（～が）できる」（能）、「わかる」（明白）、「見える」（看起来）、「（と）いう（人）」（叫）、「要する」（需要）、「値する」（值得）、「（形容詞＋）過ぎる」（过于、太）、各种可能形动词。

第二类动词（持续动词）：能使用「ている」形，表示人类的动作或自然现象。

包括：「読む」（读）、「笑う」（笑）、「見る」（看）、「歩く」（走）、「刈る」（割）、「勉強する」（学习）、「散る」（凋谢）、「降る」（下（雨等））、「揺れる」（摇晃）、「燃える」（燃烧）等。

第三类动词（瞬间动词）：能使用「ている」形，表示动作或作用瞬间完成。

包括：「死ぬ」（死）、「消える」（灭）、「止まる」（停止）、「終わる」（结束）、「出発する」（出发）、「結婚する」（结婚）、「忘れる」（忘）、「知る」（知道）等。

第四类动词：总是以「ている」形来使用，表示状态。

包括：「聳える」（耸立）、「優れる」（优秀）、「おもだつ」（成为中心）、「ありふれる」（到处都有）、「ばかげる」（看起来很傻）、「富む」（富有）、「似る」（像）、「丸顔をする」（长着圆脸）、「のんべんだらりとする」（不慌不忙）等。

在进行上述分类之后，金田一春彦还指出了日语中存在某个动词同时属于两类动词的现象，如移动动词既可以属于持续动词也可以属于瞬间动词。由于"动词四分类"是从语法上的意义和用法所进行的分类，并未从词汇意义开展深入考察，所以其分类及据此所进行的时体研究也存在着一些局限性。尽管如此，金田一春彦的研究是日语中最早以动作或作用的（时体）时间性质为基准而进行的动词分类[1]，时至今日其分类法对时体研究仍具有很重要的意义。

此后的谓语时制研究逐渐加入了词汇意义的考察。

铃木重幸（1965：28-29）把动词分为动作动词和状态动词，指出：动作动词包括表示人类具体动作或抽象精神活动的动词、表示物理化学变化或社会状态变化的动词；状态动词包括表示状态或性质不发生变化的动词、「形容詞語幹＋すぎる」。据此，他对动词的时制进行了词汇加语法范畴的考察。

寺村秀夫（1984）从谓语的各种变形直接考察了动作性谓语和状态性谓语的时制意义。高桥太郎（1985）结合持续体和完成体综合地考察了谓语的时制。二者的研究方法有所不同，但都是通过考察动词的「ル、タ、テイル、テイタ」形来判断绝对时制或相对时制，都是主要围绕动作动词和状态动词开展的研究。

工藤真由美（1985）在考察日语形式名词「ノ、コト」的使用方法时，将动词分为：感觉动词、动作性动词、思考动词、传达动

---

[1] 英语中最早根据"体"进行的动词分类是Vendler（1957）的论文 *Verbs and times*。

词、意志动词、表示动词、认知动词、态度动词。这种分类是从词汇意义上的分类，虽然与时制没有直接关联，但对考察由语义表达的时间有一定的积极作用。

町田健（1989）按照动词的类型（金田一春彦（1950）：状态动词、动作动词、瞬间动词、第四类动词）考察了动词与时体表达的意义和关系，他提到了动词的有界与无界、知觉动词等概念，但没有进行动词分类和更深入的解释。

工藤真由美（1989）在考察日语从句时体的过程中分析了认知动词、传达动词、知觉动词等谓语的时体对立关系，阐述了有界动词、无界动词的时体意义。

(1) 有界动词：考虑主体或客体的变化，表示运动到达某一个点时必然结束而产生"新的状态＝结果"的具有内部界限的动词。包括主体变化动词和客体变化动词。

(2) 无界动词：不考虑变化，表示运动没有必然应该结束的界限的动词。无界动词，从其词汇意义中无法把握界限，但是可以添加"外部"界限。（如：走到车站、吃一半、读3页。）

表3-1 日语有无体对立的动词分类

大类	细分类	词例
(A) 外在运动动词	(A·1) 主体动作 客体变化动词	開ける、折る、消す、倒す、曲げる、入れる
	(A·2) 主体变化动词	行く、来る、消える、開く、曲がる、就職する
	(A·3) 主体动作动词	動かす、回す、打つ、見る、言う、歩く、飛ぶ
(B) 内在情态动词	(B·1) 思考动词	思う、考える、疑う
	(B·2) 感情动词	諦める、驚く、困る
	(B·3) 知觉动词	味がする、匂う、見える
	(B·4) 感觉动词	痛む、感じる、しびれる

续表

大类	细分类	词例
（C）静态动词	（C·1）存在动词	ある、いる、存在する
	（C·2）空间配置动词	聳えている、面している
	（C·3）关系动词	値する、意味する、似ている
	（C·4）特性动词	甘すぎる、泳げる、似合う、優れている、まさっている

（参照工藤真由美（1995：69-78）内容制作）

工藤真由美（1995）以有无体的对立为标准将日语动词分为（A）外在运动动词、（B）内在情态动词、（C）静态动词，对这三大类动词进行了细分类。

工藤真由美（1995）的动词分类非常详细，对考察时体范畴具有重要意义。关于时制，她在鈴木重幸（1965）和高橋太郎（1985）等的基础上，从动词的角度阐述了一些内在情态动词的特殊意义。

(1) 感情动词「愛する、嫌う、疎んじる」虽然在意义上是表示感情，但因为其表示的是"长期的感情"，所以即便是第一人称，也与其他感情动词不同，它们的スル形不表示"现在"。

(2) 感情动词「あきあきする、あきれる、安心する、驚く、がっかりする、困る、せいせいする、退屈する、助かる、びっくりする、ほっとする、まいる、弱る」的シタ形可以表示"现在"的感情。

(3) 感觉动词「しびれる、つかれる、（のどが）渇く、（腹が）へる」的シタ形可以表示"现在"的感觉。

此外，她又以下表的形式在说明体对立方式的同时，进一步说明了内在情态动词的时制（和体）的表达方式和意义。

表3-2 内在情态动词的时体对立关系

スル	（统一性）	第一人称	表明态度；表露感情、感觉＜现在＞
シタ	（发生性）		确认、记述体验＜过去＞ 表露感情、感觉＜现在＞

续表

| シテイル シテイタ | （持続性） | 第一、二、三人称 | 客观的确认、记述 |

（参照工藤真由美（1995：93）表格制作）

高桥太郎（2003）使用 9 章的篇幅考察了日语动词的活用和意义。文章涉及时制、体、情态等有关动词的各个范畴，但没有进行动词分类。

工藤真由美（2014）认为，"如果不根据谓语的意义对其进行分类，语气和时制的研究就不成立"。[1] 她以「アスペクト・テンス体系とテクスト—現代日本語の時間の表現—」（工藤真由美（1995））中的动词分类为基础，从有无时间限定性的角度进一步划分了日语的谓语，从时体两个角度对谓语进行了解释。

时间限定性涉及所有谓语，根据有无时间限定性可以判断出事件是偶发的一次性事件还是恒常的现象，可以进一步判断出事象的发生时间及其幅度。工藤真由美（2014）将谓语按照「運動、狀態、滯在、存在、特性、関係、質」进行的分类（图 1-3），一方面表示出了事象由偶发向恒常的时间性过渡阶段，另一方面也提示出了谓语的使用方法和意义（如：运动动词「テイル」形可以表示现在进行和现在状态，特性动词「テイル」形只表示现在的特殊性质）。而将日语的形容词谓语和名词谓语也纳入考察范围，则可以使时制的研究更加完整。

日语动词有「ル、タ、テイル、テイタ」四种变形。其中「ル」形表示将来和恒常现在，「タ、テイタ」形表示过去，「テイル」形表示现在。形容词和名词（+だ/である）都有时制的表达方式（寺村秀夫（1984）、工藤真由美（2014）），主要体现在「だ/である」的原形与过去形上，没有「テイル/テイタ」形。

从金田一春彦（1950）至工藤真由美（2014），有关时体研究的

---

[1] 引自工藤真由美（2014：31）。

谓语分类经历了以体为标准的分类、以动作性或状态性为标准的分类、词汇意义上的分类、兼顾时体的分类等过程，取得了长足的进展，促进了时体考察的深入。

3.2 汉语的谓语

汉语中可以作谓语的有动词和形容词，名词有时也可以作谓语。下面分别考察动词、形容词、名词的时间性质。

3.2.1 汉语的动词分类

早期的动词分类研究多是基于动词本身的词汇意义或语法意义所进行的分类及对动词使用方法的解释，并没有从时体的角度来进行分类考察。如《马氏文通》的"外动字、受动字、内动字、同动助动、无属动字"的分类，黎锦熙（1924）的"外动词、内动词、同动词、助动词"的四分类，以及赵元任（1968）的"及物动词和不及物动词"等分类方法。

20世纪70年代末以后，涉及时体范畴的动词分类研究逐渐得到发展。

邢公畹（1979a、1979b）以动词能否带"着"为判断标准，把动词分为结束性动词和非结束性动词，不能加"着"的动词是"结束性动词"，能加的是"非结束性动词"。同时也提出了形容词具有持续性，这些词的后面加上"了"都表示"新情况"的观点。但是，他也认识到既不能带"着"也不能带"了"的动词的存在，所以他又提出了"中性"动词的说法。由此可以看出，虽然根据是否带"着"或"了"进行动词分类也是一种时体角度的研究方法，但也存在着一定的不确定性。此外，他还提出"'着'的语法意义只表示行为的持续（或进行），不表示'现在时'，正如'了'不表示'过去时'一样"（邢公畹：1979a：88）的观点，这也是一个有待商权的问题。

马庆株（1981）将不能加"着"的动词叫作非持续性动词，能加"着"的动词（包括强持续性动词和弱持续性动词）叫作持续性动词❶，分析了动词带不同的助词、时量宾语时所表达的语义特征、分布特征和变换反应。此后，马庆株（1988）用在动词前后能否加上"来/去"的格式作为鉴定标准，把能加的动词叫作自主动词，不能加的叫作非自主动词（包括属性动词和变性动词），分析了这两种动词的语法功能和语义特征。他还提出了"除了自主义或非自主义，一个动词还可以包含多种义素，例如完成义、持续义、状态义、动作义、感受义、致使义等"（马庆株，1988：164）的观点。马庆株（1981、1988）的考察涉及动词的语义和时量宾语、动态助词等语法要素和体范畴，但没有涉及动词本身的时间意义。

邓守信（1986）导入 Vendler（1967）区分四类情状的理论观点，将汉语动词分为活动、完结、达成、状态的四个类型。

陈平（1988）根据［±静态］、［±持续］、［±完成］这三对区别性特征的各种组合方式将汉语句子表现的情状分为五种类型：状态、活动、结束、复变、单变。同时，确定了相应的语法形式特征。

李临定（1990）指出，动词是表示动作、行动、活动、变化、状态（具有"时"、"体"、"量"形式）、关系（句子平面上实词之间的）等的词类。他按照"重复/非重复"、"持续/非持续"、"自主/非自主"、"状态/动作"等多种不同的标准对动词进行了分类研究。

自主动词：跑、玩、去、做、吃

非自主动词：死、倒、漏、长、遭

内动动词：休息、毕业、嚷（不带宾语）

外动动词：问、吃、找、爱（可以或必须带宾语）

持续动词：吃（半个小时）、研究（一个上午）

非持续动词：（绳子）断、（火）灭

---

❶ 这种分类方法与金田一春彦（1950）的日语动词四分类有共通之处。

状态动词：灯笼在那挂着〔呢〕、他在床上躺着〔呢〕
　　动作动词：他正在挂灯笼呢、他正往下躺呢

　　李临定（1990）进行了多种类型的动词分类。他认为汉语的时制是通过动态助词、时间副词和动词的零形式来体现的，也解释了各类动词与体形式的关系。

　　郭锐（1993）的动词分类也是一种以情状为标准的分类。他根据过程结构的三要素（起点、终点、续段）的有无和强弱，把动词过程结构分为无限结构、前限结构、双限结构、后限结构、点结构的五类，指出这是一个表现为状态、动作和变化三个核心之间的过渡的连续统，动词的过程结构与汉语的体有着密切的关系。

　　胡裕树、范晓（1995）比较全面地从句法、语义、语用的三个平面进行了以下的动词分类和解析。

（1）按照是否带宾语的标准将动词分为及物动词和不及物动词。
（2）根据动词在动核结构里所联系的动元的数目将动词分为一价动词、二价动词、三价动词。
（3）按照情状将动词分为静态动词与动态动词。

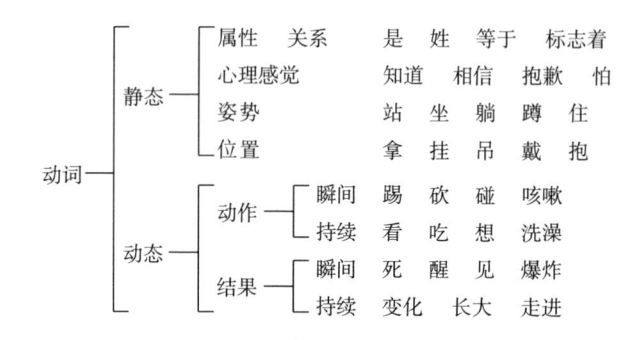

```
              ┌ 属性 关系    是  姓  等于 标志着
              │ 心理感觉    知道 相信 抱歉 怕
       ┌ 静态─┤ 姿势       站  坐  躺  蹲  住
       │      └ 位置       拿  挂  吊  戴  抱
动词 ──┤
       │      ┌ 动作 ┬ 瞬间  踢 砍 碰 咳嗽
       └ 动态─┤      └ 持续  看 吃 想 洗澡
              │      ┌ 瞬间  死 醒 见 爆炸
              └ 结果 ┴ 持续  变化 长大 走进
```

图 3-1　现代汉语动词的情状分类

（引自胡裕树、范晓，1995：171，表三）

（4）根据带宾语情况把动词分成粘宾动词（必须带宾语的）、无宾动词（不能带宾语的）、自由动词（可带可不带宾语的）。

　　尽管胡裕树、范晓（1995）的研究重点不在于时体范畴，但文章中比较准确地揭示出了汉语动态助词"着""了""过"的时体意义，谈到了根据动词的时间性语义特征可以将动词分为持续动词和非持续动词的问题，也谈到了动词具有兼类（动作、状态）性质的问题。

沈家煊（1995）认为对动作形成的概念上"有界"和"无界"的对立在语法上的典型反映就是动词有"持续动词"（imperfectives）和"非持续动词"（perfectives）之分，并进行了如下说明。

> 英语持续动词不能有进行态，汉语的持续动词（性质动词、分类动词）不能加表示动作持续的"着"，都是因为持续动词在时间上是无界的，本身已有持续或正在进行的意思，再加上进行态或"着"就成为多余，这叫作"同性相斥"。英语的非持续动词可以用 again and again 修饰，汉语的非持续动词（动作动词）可以有重叠形式，都是因为这类动词在时间上是有界的，具有"可重复性"，这叫作"同性相容"。（沈家煊，1995：371）

此外，沈家煊（1996）还考察了有界状态形容词和有界动词短语后带有数量名词时"的"和"了"的隐现问题。

杨素英（2000）认为汉语的动貌系统尽管有一些特殊的地方，但总体上大致与当代动貌总框架相符。杨素英使用［＋/－时限］和［＋/－结果实现］的两个新标准取代了 Vendler（1967）［＋/－瞬时］的一个标准，对汉语动词进行了如下分类。

状态动词：［－动态］，［－时限］。如：爱、相信、像、位、高兴、气、恨……

活动动词：［＋动态］，［－时限］。如：跑、推、按、笑、散步、爬……

有时限活动词：［＋动态］，［＋/－时限］。如：敲、闪、眨眼、咳嗽、跳……

有结果指向词：［＋动态］，［－结果实现］。如：修、造、写、打（字）、煮、喝、杀、想象……

有结果实现词：［＋动态］，［＋结果实现］。如：赢、死、到、毁、忘、输……

刘月华等（2001）将动词分为动作动词、状态动词、关系动词、能愿动词。所谓动作动词[1]是表示动作或行为的动词,一般可以带动态助词"了"、"着"、"过"。状态动词主要是表示人或动物的精神、心理、生理状态的动词,大多数状态动词都可以受程度副词的修饰,但"病"、"醒"等不能受程度副词的修饰。关系动词是表示主语与宾语之间存在某种关系的动词,后面一般很少用动态助词"了""着"。能愿动词是表示能力或意愿的动词,也叫助动词,不能带"了"、"着"、"过"等动态助词,所以在考察时体范畴时可以不涉及能愿动词。

表3-3 左思民(2009)汉语动词的动相分类

动词的动相类别		[动态]	[持续]	[量变]	[强动性]
单相动词	强活动动词 (如"跑")	+	+	-	+
	弱活动动词 (如"看书"的"看")	+	+	-	-
	瞬间(活动)动词 (如"炸")	+	-	-	-
	心理动词 (如"喜欢")	-	+	+	+
	性质形容词(部分) (如"聪明")	-	+	+	-
	关系动词 (如"属于")	-	+	-	-
兼相动词	活动兼结果动词(分离式) (如"挂"、"钉")	+	±		
		-	+		
	活动—结果动词(连续式) (如"红"、"热")	+	-	+	+	+	-
	强活动—状态动词(连续式) (如"坐"、"住")	+	-	-	-	+	+
	弱活动—状态动词(连续式) (如"死"、"认识")	+	-	+	-	-	-

(引自左思民,2009:82)

---

[1] 关于动作动词、状态动词、关系动词的解释,参照刘月华等(2001:153-155)。

第 3 章 谓语类别与时间性

左思民（2009）指出了左思民（2006）[1]在动词分类上存在的缺陷，深入考察了多种汉语动词分类中存在的问题和动词的分类标准，提出了有"兼相动词"的新观点。他以"动态——静态、持续——瞬时、量变——非量变、强动性——弱动性"这四对八个语义特征为标准，将汉语动词的动相进行了分类。

左思民（2009）指出了以"完成"和"非完成"的语义标准很难划分瞬间动词的缺点，认为合理的看法应该是把"死"之类的动词看成兼有两个动相："非持续"和"持续"，即前者是活动的"死"，后者是状态的"死"，而"完成性"特征只能刻画前一个动相结构。（左思民，2009：80）由此，他增加了"兼相动词"的种类。"兼相动词"概念的提出，能够更加清晰地认识到动词的性质，有利于明确地划分动词的类别，也能够帮助进一步明确时制和体的系统构造。

实际上，"兼相动词"并不限于"死"之类的瞬间动词，所有的动作动词都有"兼相"功能，只不过是"相"的位置及表达方式有所不同。如：

雅子正在那儿穿和服呢。（动作）

雅子穿着红色的和服。（状态）

雅子穿了一件红色的和服。（状态）

动作动词"穿"虽不是瞬间动词，但既可以表示动作相，也可以表示状态相。看来，有必要在时间位置上明确汉语各种体的类型和相互关系。（参考第 4 章）

此外，也有以其他标准划分动词类型的方法。如，陈忠（2009）将能够进入"V 完了"或"V 好了"格式的动词称为终结型动词（包括："持续+终结型"与"瞬时终结型"），将不能进入"V 完了"或"V 好了"格式的动词称为非终结型（包括："淡化终结〈强持续〉型"与"状态动词"）。

---

[1] 左思民（2006）将汉语的动词分为瞬间活动动词、非瞬间活动动词、活动—状态动词、活动—结果动词、关系/状态动词、性质形容词。

根据研究目的的不同,汉语动词的分类也各有不同。我们参考日语的动词分类标准,结合沈家煊(1995)、胡裕树等(1995)、刘月华等(2001)、左思民(2009)等动词研究,从时体角度和有无时间限定的视角对汉语的动词进行了重新分类,归纳为表3-4。

表3-4 汉语动词的类别及时间性

动词类别			词例	时限
动作动词	外在活动动词	主体动作动词	蹦、眨眼、咳嗽、跳/跑、笑、散步、爬……	+/-
		主体动作、客体变化动词	拆、开(门)、灭(火)、保存、锻炼、清理……	+
		主体变化动词	来、去、消失、(门)开、死、毕业、灭亡……	+
状态动词	内在情态动词	思考动词	想、认为、考虑、怀疑、反省、判断、盘算……	+
		感情动词	发愁、感动、忌妒、困惑、伤心、喜欢……	+
		知觉动词	闻到、看到、听到、看见……	+
		感觉动词	感到、怀念、觉得、疼、饿……	+
	静态动词	状态动词	昏迷、活、醒、哑、噎、醉、晕、缺乏、需要……	+
		存在动词	存在、没有、有、在……	−
		关系动词	是、叫(称谓)、姓、当作、像、等于、相通	−
		特性动词	精通、潇洒、敢、能、适合、像、值得……	

3.2.2 汉语的形容词分类

形容词时间性的考察不多。张国宪(1995)根据形容词与动词、名词在实体类别与功能类别的联系,依据共时的功能表现,演绎出了如下的时间性等级模式。

动词 > 动态形容词 > 静态形容词 > 非谓形容词 > 名词

对于这个图示,张国宪(1995:228)的解释是:

在时间性特征上,左端的最强,右端的最弱。由于位次上动态形容词紧邻着动词,从而表现出较多的语义和语法共性,其语义上的典型表现是都具有时间性特征,折射到语法形式上是可以带时体助词和与时间副词同现,从而表明时间上的可延续性。

在张国宪(1999、2006a、2006b)的基础上,张国宪(2006c)

对汉语形容词的类别和时间性进行了更加详细的考察。将形容词的情状类型分为三种：(1) 将基本上与时间无缘、表述恒久属性的形容词称为"性质形容词"；(2) 将以时间为背景而存在、表述静止的临时状态的形容词称为"状态形容词"；(3) 将在时间舞台上上演的、表述动态的性状变化的形容词称为"变化形容词"。张国宪（2006c）使用例句考察了这三种形容词的时间性并归纳为如下形式。

	静态	时间
性质	＋	－
状态	＋	＋
变化	－	＋

图 3-2　汉语形容词的时间性

（引自张国宪，2006c：7）

由此，张国宪（2006c）给出了一个汉语形容词的情状范畴系统：

```
             ┌ 静态形容词 ┌ 性质形容词
形容词 ┤             └ 状态形容词
             └ 动态形容词 … 变化形容词
```

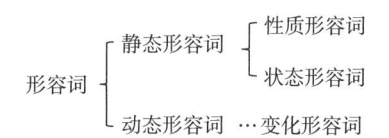

图 3-3　汉语形容词的类别

（引自张国宪，2006c：7）

张国宪（2006c）的形容词分类比较合理，但有一点还需要阐明，那就是动作性形容词的存在。如：

她<u>红着脸</u>不知怎样来表达自己的心情。（杨沫《青春之歌》）

彼女は顔を<u>赤くして（/赤くしながら）</u>、どうやって自分の気持ちを伝えていいのかわからなかった。

钱彩凤<u>红了脸</u>，赶快低下头揉搓衣服。（浩然《金光大道》）

銭彩鳳は顔を<u>赤くした</u>。すぐ頭を下げて服を揉み始めた。

"别瞎扯。人家大泉没跟谁<u>红过脸</u>、动过手，……"（浩然《金光大道》）

「でたらめを言うな。大泉は誰と顔を<u>赤くした</u>こともないし、

・59・

手を出したこともない…」

汉语形容词"红"也具有表示主体的动作使客体发生变化的功能。无论是汉语的"红着",还是"红了"、"红过",在日语中都体现为动词词组「赤くする」的各种变形。也就是说,"红"类形容词具有他动词功能,是一种动态形容词,尽管这类形容词数量不多,但也应该另行分类。因此,我们在考虑时间限定性后,对形容词进行了如下分类。

表3-5 汉语形容词的类别及时间性

形容词类别			词例	时限
形容词	动态形容词	主体动作、客体变化形容词	低、红、偏、歪、斜……	+
	静态形容词	变化形容词	红、歪、窄、安定、繁华、开朗、虚弱……	+
		性质形容词	薄、红、倔、大、好、慢、年轻、客气……	-
		状态形容词	宽阔、巨大、愤怒、频繁、深刻、细致……	-

由于形容词表示的事件不具有完整的过程,所以我们把考察对象放在动词句中的时制,不对形容词做过多的赘述。

3.2.3 汉语的名词分类

名词作谓语的句子一般有两种称呼,一种叫作体词谓语句(丁声树等(1961)、朱德熙(1982)、石定栩(2011)),一种叫作名词谓语句(王珏(2001)、邵敬敏(2007)、张庆文(2016))。吕叔湘(1953:20-21)认为"明天星期六"是判断句,谓语是名词"星期六"。他指出:(判断句)一般的格式是在主语和谓语名词中间加上个"是"字,即也可以说成"明天是星期六"。丁声树等(1961:20)将名词、代词(一部分)、数词、量词统称为体词,将用体词作谓语的句子叫作体词谓语句,认为:体词谓语句"有时候可以加上动词(多半是'是'字),改成动词谓语句;有些句子不能改,有些改了跟原句意思不同"。丁声树等(1961)指出了名词作谓语的句子不一定都是判断句的问题,也考虑到数词和量词等作谓语的问题。名词谓语句有时候可以变换成"是"字句,此种句子的谓语一般是对主语进行简单的说明、判断、介绍、解释、描写等,有时候还必须添加或删除某些词语。有时候可以变换成"有"字句,但这些变换并不是一一对应的(张先亮、范晓等,2008:408-411)。

朱德熙(1984:64)指出:汉语的名词跟谓词的对立不表现在主宾语这个语法位置上,而表现在谓语位置上。因为只有谓词可以充任谓语,名词一般说来是不能作谓语的。石定栩(2011:101)坚持朱德熙(1984)的基本观点,主张体词的功能不包括作谓语,只有谓词才能充当谓语。他将研究中所说的体词谓语分为两类,一类以发生了质变的体词为核心,即实质上的形容词谓语句或动词谓语句;另一类其实由动词短语充当谓语,其核心成分是动词,只不过动词在一定的条件下省略了,所以体词短语是谓语的一部分,而并非真正意义上的谓语。

名词作谓语时可以加"了"。邢福义(1984:191)指出:"一个名词或名词短语,带上'了',可以成为一个分句,跟别的分句构成复句。"马庆株(1991:134)认为有顺序性的体词和临时获得顺序义的体词作谓语,与谓词作谓语的一般情况相同,如果不强调变化实现就不加"了"字;如果要表示变化的实现,就可以在后面加上"了"字。请参考如下例句。

大姑娘了,要注意整洁!(邢福义(1984))

都已经洛阳了,还不赶快收拾行李。(邢福义(1984))

今天星期四了,快周末了。(马庆株(1991))

现在都北海了,马上故宫了,过了美术馆就是王府井了。(马庆株(1991))

他副科长/五级工/讲师/助理研究员了。(马庆株(1991))

人家都(睡)席梦思_{高档}了,你还(是)木板床_{低档}。(马庆株(1991))

如果我们在每个句子中补充一些适当的动词(黑体字),就可以演绎为:

已经是大姑娘了，要注意整洁！

都已经**到**洛阳了，还不赶快收拾行李。

今天**是**星期四了，快**到**周末了。

现在都**到**北海了，马上**就到**故宫了，过了美术馆就是王府井了。

他**是**副科长/**是**五级工/**是**讲师/**是**助理研究员了。

人家都（睡）席梦思了，你还（是）木板床。

通过以上的变化可以看出，与动态助词"了"发生关系的是动词而不是名词。

实际上，日语中所说的「名詞述語」中的「述語」指的也是「である」「だ」「ある」等动词，并且日语的这类动词还具有代替实意动词的功能。如：

これは社会における大きな教育問題である。

这是社会上的一个大的教育问题。

彼は牛丼を食べる。僕は鰻だ。（「だ」代替「食べる」）

他吃牛丼，我吃鳗鱼。

彼は医者です。（＝彼は医者をしている。）（「です」代替「する」）

他也是医生。（＝他从事医生工作。）

大使館でパーティーがある。（＝大使館でパーティーが行なわれる。）（「ある」代替「行なわれる」）

大使馆有聚会。（＝大使馆举行聚会。）

本书采用朱德熙（1984）和石定栩（2011）的观点，即名词不能作谓语，作谓语并且能够与动态助词呼应的是动词或形容词，应该将"名词＋了"的句子看作动词被省略的句子。

因此，在本书中的谓语分类不包括名词。

第4章 汉日一事件时制比较

4.1 时体构造和标记

时制是事件的外部时间体系，体是事件的内部时间体系。我们可以将二者的关系用构造研究法（图形表示法）进行表示。

图4-1 时制和体的构造关系

如图4-1所示，时间犹如一条流动的长河，从将来经过现在移动至过去（从右至左）。我们可以把事件比喻为一艘在时间长河中的无动力小船，这艘小船会随着时间的移动而移动。发话人不会移动至将来或过去的时间领域，而是总处于发话时现在的位置来观察并用语言描述事件。当发话人描述的事件位于将来（箭头所示）或现在、过去时，我们就可以分别得到"将来"、"现在"、"过去"的（绝对）时制概念。移动着的事件，其内部也存在着不同的时间概念。一个完整的事件应该可以划分为三个内部事件，即动作事件、结果状态事件、记忆事件，以及六个局面（言及点），即开始、进行、完成、状态持续、状态完成、记忆持续。

日语的时制标记有四种——「ル、タ、テイル、テイタ」，其中「ル」表示将来，「テイル」表示现在，「タ、テイタ」表示过去（高橋太郎（1985）、工藤真由美（1995）、今泉喜一（2000））。如：

（明日）中国に帰る。（将来）

（いま）ご飯を食べている。（现在）

（昨日）遊びに行った。（过去）

（昨晩の8時から12時まで）友達と一緒に飲んでいた。（过去）

日语的这四种时制标记既可以表示绝对时制，也可以表示相对时制，而且具有使用上的义务性（工藤真由美（2014））。

关于汉语的时制标记，从语法和词汇的两个视角来观察，我们可以将先行研究的观点分为三种。第一种观点认为汉语时制是由不同的分析形式和动词的零形式体现的（李临定（1990）、李铁根（1999）等）。第二种是扩大时制标记范畴的观点，即在动态助词的基础上承认"曾（经）、已经（已）、正在（正、在）、将要（将、要）"等时间副词为时制标记（张济卿（1996）、马庆株（2000）等）。第三种是从时间结构上以"三位一体"的方法综合考察时制的观点（崔希亮（2003）、陈忠（2009）等）。其中第一种和第三种都明确提出了汉语时制有语法表达手段和词汇表达手段的观点，而第二种则是坚持以语法标记为考察对象。

与日语不同，汉语不具有形态变化。但是，没有形态变化并不意味着不具备语法表达方式。汉语的动态助词是一种公认的语法表达方式，但这种语法表达并不能完全地覆盖时制的各种形式，并且不具有强制性（义务性）。而句子中的各种时间要素如何影响着动态助词的隐现，它们到底是表示时间还是表示时制也尚未得到充分的诠释。我们确实有必要系统而全面地梳理汉语的时制标记问题。

英语、日语等语言的时制标记属于语法范畴，基本上都体现于谓语的各种变形，但并不是所有的语言都使用动词（或形容词等）的变形来表示时制。事实上，在很多的语言中都很难说清"将来"是由时制标记表示还是由情态标记表示的（Dahl，1985：103）。日语动词的

「ル、タ、テイル、テイタ」形能够表示将来、现在、过去的时制（和体），动词的意志形也能够表达出将来的意思（如：「明日、京都へ行こう」）。英语的 will 和 shall 是助动词，原本是属于情态（mood）范畴的表达，但现在也被认为是表示"将来"的一种语法表达方式（安井稔（1983）、レナート・デクラーク（1994））。当然，也有一些学者认为以动词屈折表示的时制仅有"过去"和"将来"，如 Quick 等（1985）、中右実（1994）、柏野健次（1999）等。Comrie（1985）指出，语法形式一定会直接言及表示将来的特性，英语有表示"将来"时制的其他语法表达范畴，但目前并未得到证实。Dahl（1985）认为，从世界上很多的语言中可以看出，虽然"将来"是时制的主要范畴之一，但与大多使用动词屈折形式表示的"过去"和"现在"相比，使用助动词等迂回表达方式来表示的时候更多，并且这种使用并不是义务性的，也有缺乏一贯性的场合。兰盖克（2017）在考察英语助动词时指出："人们普遍认为英语有两个时态，包括现在时和过去时（将来时由情态动词作为标志），我们的分析在很大程度上确认了这一观点。"❶ 同时也指出："但是，传统上人们也观察到，时态语素并不总是表示现在时间和过去时间，甚至当它们在没有助动词的情况下也是如此。现在时动词描写的似乎不仅是那些在说话时间存在的情景，而且包括过去、将来、虚拟、甚至永恒的情景。"❷

综上所述，我们认为汉语时制的语法标记应该适当扩大范畴，可以将虚化程度非常高的副词"正在、正、在"纳入时制的语法标记，但没有必要将"曾经、已经、将要、要"等副词纳入，因为这些词语的使用必须要伴随动态助词，或者一定能够在上下文、会话场景、时间语句中获取到相关的时间信息。

---

❶❷ 引自兰盖克（2017：255）。

4.2　汉日一事件时制

日语的单句指的是具有一个谓语的句子。如：

彼は西安に行った。

今日は暑いね。

あの人はとても単純だ。

汉语的单句与日语不同。汉语的单句是"就整体来看只有一个主谓词组结构的句子"（吕冀平（2000：67））。如：

（1）我学日语。（私は日本語を勉強する。）

（2）我相信机会一定会来的。（チャンスが必ず来ると（私は）思う。）

（3）今天很热。（今日はとても暑い。）

（4）我是大学生。（私は大学生だ。）

为便于开展比较研究，我们分别使用"一事件"句、"二事件"句、"多事件"句考察汉语和日语的时制体系。

一事件句中只存在绝对时制。所谓绝对时制是以发话人的发话时间（现在）为基准点，观察事件位置与基准点之间的时间关系所得到的概念。绝对时制体现于一事件句的谓语动词或二事件句等句中的主句谓语动词。

下面，我们将图4-1中的各个基本体用数字"1、2……6"表示言及点1至6，即动作开始、动作进行、动作完成、结果状态持续、结果状态完成（或消失）、记忆持续，结合这些体的位置观察单一事件的时制表达方式。由于状态动词不具有动作性，所以下面的分析过程中主要以动作动词为考察对象。

4.2.1 一事件的将来时制

1）将来动作开始

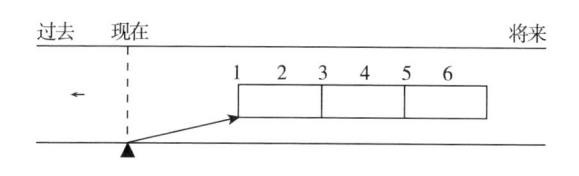

图 4-2　将来动作开始的时制构造

例1　A：明日の宴会の時，何を着る？
　　　　　明天宴会的时候，（你）穿什么（衣服）？
　　　B：和服を着る。
　　　　　（我）穿和服。（主体动作动词）
例2　ドアを閉めます。ご注意ください。
　　　关门。请大家注意。（主体动作、客体变化动词）
例3　私は（来年の）6月に卒業する。
　　　我(明年)6月份毕业。（主体变化动词）
例4　そしてあと二回日曜が来たら、僕は二十歳になる。
　　　再过两个星期天，我将满20岁。

发话人位于现在时间，言及"将来—动作开始"的局面（言及点1）。由于日语的时制标记具有强制使用的性质，所以无论句中有没有表示将来的时间词语，都可以认为是日语的「ル」表示"将来"时制和"开始"体。

关于汉语的时制标记，李铁根（1999）认为汉语"不通过狭义的形态变化来体现时制，而通过不同的分析形式以及零形式来表现"。对此，我们认为应该将"零形式"称为动态助词"零"。所谓"零"是指相对于动词后附加的"着、了、过"而言，是动词以不附带动态助词即"动词+零"的形态使用于句中的形式。从形态论考虑，动词后是存在加入动态助词的位置的。如果将动词的零形式以"动词+

零"进行表示，就可以将表示时制与体的动态助词进行统一的语法处理。因此，相对于附加在动词后的动态助词"着、了、过"而言，可以将动词不附带任何动态助词的形态称作动态助词"零"。（孙伟（2005：38-39））这样一来，使用动态助词就可以完整地表达汉语的时制和体。正因为如此，我们认为汉语中存在时制和体范畴的语法表达体系。

例1至例3中的动词是以"动词+零"的形式表现尚未生起的事件开始于将来时间。例4中虽然使用了表示将来时间的副词"将"，但从即使删除"将"也能够得出将来时间概念来看，起决定作用的还是动态助词"零"。将汉日时体标记进行比较后可以发现，从形态上看日语的「ル」与汉语的动态助词"零"具有对应关系，二者都可以表示"将来"。因此我们可以认定汉语的"将来开始"可以由"零"来表示。也就是说，汉语将来时制的标记是动态助词"零"。

2）将来动作进行

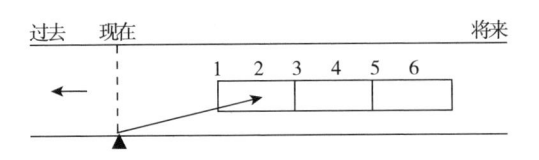

图4-3　将来动作进行的时制构造（1）

例5　A：明日の朝の8時から9時まで，何をしている？
　　　　明天早晨8点到9点，（你）在干什么？

　　　B1：和服を着ている。
　　　　（我）正在穿和服（呢）。（主体动作动词）

　　　B2：客室を片付けている。
　　　　（我）在收拾客房呢。（主体动作、客体变化动词）

　　　B3：町で物を売っているだろう。
　　　　（我）正在大街上卖（着）货呢吧。（主体动作动词）

例6　では，明日の9時，喫茶店でお待ちしています。
　　　　那么，明天9点，我在咖啡店等着您。

第4章 汉日一事件时制比较

图4-3和例5表示的是发话人B位于动作开始前的现在位置回答A的问话，B1—B3所言及的是"将来—动作进行中"的局面（言及点2）。

在表示言及点2时，日语使用「テイル」，汉语可以使用时间副词"正（在）、在"或它们与"着"（"呢"）的组合来表示。关于"呢"在句中的作用，孔令达（1994：440）认为，语气词"呢"对"主语＋（正）＋动词＋着＋（宾语）"格式的句子有足句作用。吕叔湘（1999：413）指出："呢"用在叙述句的末尾，表示持续的状态，常和"正、正在、在"或"着"等相搭配。由此看来，"呢"的功能在于足句或表示体，并不表示时制。将「テイル」与"正（在）、在"等进行比较后可以发现，二者虽然在词性与使用位置上有所不同，但均可以表示言及点2的位置。因此，可以说汉语的"正（在）、在"及其与"着"的组合可以表示将来的动作进行。此外，如例6所示，在将来时间得到确定的条件下，也可以单独使用"着"来表示将来时制下的动作进行体。

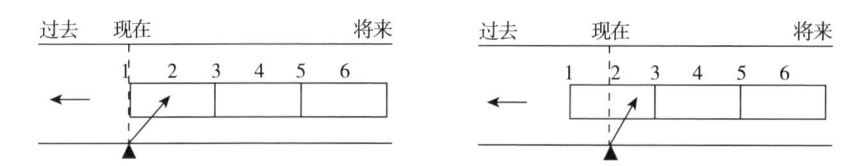

图4-4 将来动作进行的时制构造（2）　图4-5 将来动作进行的时制构造（3）

例7　一時間後も客室を片付け<u>ている</u>。
　　　一个小时以后，我仍然会<u>在</u>打扫客房。

例8　遅れてもいい。必ず学校に来てください。ずっと待っ<u>ている</u>から。
　　　晚点也没关系，请一定来学校。我们会一直等<u>着</u>你的。

同样是观察言及点2，发话人的位置可以不尽相同。图4-4表示的是发话人位于刚刚开始后的现在位置言及此后的进行局面。图4-5表示的是发话人位于动作进行了一段时间后的现在位置言及此后的进行局面。

无论发话人位于动作开始前、动作刚刚开始或动作进行中的哪个时间位置，只要这个发话时间位置处于言及点2之前，日语的「テイル」和汉语的"正在（+呢）"、"着（+呢）"等就可以表示这个"将来进行（中）"。

3）将来动作完成

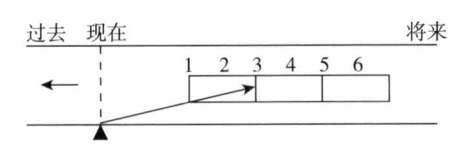

图 4-6 将来动作完成的时制构造（1）

例 9　*明日、彼は日本料理を食べた。

　　　*明天，他吃了日本料理。

将来动作完成是言及点3的位置。由于日语表示完成的「タ」用在句尾时还表示过去时间，所以无法用这种语法手段表达将来的动作完成。

侯学超（1998）认为，"了₁"的主要用法在于以"谓词/谓词短语+了₁"的形式位于句中，表示实现，使动作行为状态等成为事实；"了₂"是语气词，只用于句尾，句尾前是体词、体词短语（如：秋天了），用于陈述句中表示发生了新的事情；当句尾"了"前是谓词、谓词短语时，这个"了"则为"了₁"与"了₂"的合并形式"了₁₊₂"（侯学超，1998：381-385）。

例9的"了"是"了₁"。当"了₁"用于动态谓语的主句并叙述事实时，标记绝对时"过去"（林璋（2004：96））。也就是说，此处的"了"不能表示将来完成。

例 10　你忘了他吧！（了₁）

　　　彼のことを忘れよう。

例10的汉语句是祈使句，句中可以使用"了₁"。这是因为祈使句本身表示未然，用上"了"表完成（张斌（2006：338））的缘故。例10的日语句中，谓语是动词「忘れる」的意向形「忘れよう」。

日语的助动词「う」和「よう」可以表示将来（松下大三郎（1930）、木枝増一（1938）），但它们不是体的表达，而是情态表达的一种方式，是通过发话人的语气表达出的将来意义。这反映出了现代日语中时制范畴与情态系统的关联性。

例11　别哭了，别哭了。明天就搬走了，……。（了$_{1+2}$）（戴厚英《人啊，人》）

泣くなよ。明日にも引っ越してしまうから、……。

例11 的汉语句之所以能表示将来完成是因为句中不仅存在表示将要发生的副词"就"（"就"把时间限定在将来区域），而且动态助词是以"了$_{1+2}$"的形式使用于句尾。"了$_{1+2}$"既包含了实现意义的"了$_1$"，又包含新情况发生或出现意义的"了$_2$"（侯学超，1998：382）。因此，当句中有表示将来时间的词语时，"了$_{1+2}$"可以表示将来完成的局面。

日语的单句中无法使用语法手段表达将来完成体，但如果把表示将来动作完成的事件用于复句的从句中时，可以用连体形、假定形等形式来表达。如：

例12　京都に着いたあと、電話をかける。（主体变化动词）

我到了京都之后给你打电话。

例13　京都に着いたら、電話をかける。

我到了京都就给你打电话。

例14　朝ご飯を食べたあと、学校に行く。（主体动作、客体变化动词）

我吃了早饭之后去学校。

例15　朝ご飯を食べたら、学校に行く。

我吃了早饭就去学校。

汉语的"了"也具有同样的特征。即，当"动词+了$_1$+宾语"（或不带宾语）的形式不独立成句，有后续小句时，表示前一动作完成后再发生后一情况，或前一情况是后一情况的假设条件（吕叔湘，1999：351）。也就是说，这种情况下的"了"表示的是完成体和相对时制（有关相对时制可参照第5章）。

日语和汉语可以使用词汇手段来表达"将来完成"。

例16 明日、この本を読み终える。

明天，（我）看完这本书。

日语的补助动词「终える」本身具有"完成"的意义，它与「読む」结合后构成一个新的复合动词「読み终える」，从而表示出"看完"的意思。「読み终える」的词形仍然是「ル」形，符合「ル」表示将来时制的原则，但它表示的不是语法体，而是词汇体。此外，「動詞＋しまう」等形式也可以表示完成体。如：

例17 明日、この本を全部読んでしまう。

明天，（我）就把这本书全看完。

尽管构词的形式有所不同，但从使用词汇手段表达完成体这一点上看，汉语与日语有相同之处，汉语也可以使用"动词＋完""动词＋好"等形式从词汇意义上表示将来完成。

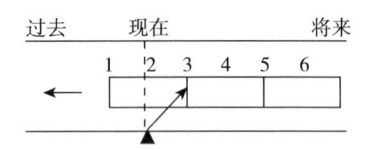

图 4-7 将来动作完成的时制构造（2）　图 4-8 将来动作完成的时制构造（3）

当发话人拿起书看了看之后，可以说：

例18 この本を1時間で読み终える。

（我）一个小时看完这本书。

这时的发话人是位于图4-7的现在位置来言及将来完成的局面。当发话人看了书的一半内容之后，可以说：

例19 30分以内で読み终える。

30分钟以内看完。

这时的发话人是位于图4-8的现在位置来言及将来完成的局面。日语的助动词「う」和「よう」可以表示将来时间和呼吁的语气，但不表示体。日语不能用语法手段表示将来完成，但可以通过动词加补助动词的形式用词汇手段表示完成意义。

除祈使句外,汉语有两种表示将来完成的方法。一种是语法手段,即:使用动态助词"了"(了$_{1+2}$)的形式。另一种是词汇手段,即在动词后使用表示完成意义的"完、好"等助动词的方式。无论使用哪一种方式,其前提都是要能够明确该事件属于将来时间。

4)将来状态持续

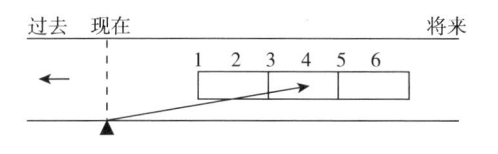

图4-9 将来状态持续的时制构造(1)

例20 明朝の8時には、学校の入口前にバスが停まっている。着いたら、それに乗ってください。

明早8点,学校门口前停着(/*了)一辆大巴。到了之后,请上那辆车。

例21 明日の10時には、駅前の喫茶店で会いましょう。私は赤い和服を着ているから、見ればすぐ分かりますよ。

明天10点我们在车站前的咖啡馆见面吧!我穿着(/*了)红色的和服,你一看就能找到我了。

例22 等你参加工作的时候,我们已经退休了(/*着)。

君が仕事に就いた時には、私たちはすでに退職している。

图4-9表示的是某个尚未开始的、整体上属于将来的事件,发话人叙述的是将来动作发生之后所残留的结果状态。表示这种将来的言及点4,日语中只能使用「テイル」,汉语中则有时候用"着",有时候用"了"。

在将来时间得以确认的条件下,"着"与"了"都能表示动作完成后的结果状态持续。"着"本身就具有表示状态持续的功能,而"了"之所以能够表示结果持续是"由于汉语是把动作过程的完结和

· 73 ·

动作结果的持续作为同一事象来把握，并使用同一形式'了'来表现二者的"（张黎，2010：15）。关于"了$_1$"与"着"的互换使用现象，任鹰（2000：33）指出："静态存在句中'V 了'等于'V 着'的关键，就在于句中动词具备既有动态义，又有静态义，既能表示动作，又能表示动作完成后的状态这样的语义特点。"但观察例 20 和例 21 可以发现，汉语的"停"和"穿"虽然兼有动态义与静态义，但并不能使用"了"来代替"着"。然而，如果删除"明天我们在车站前的咖啡馆见面吧！"后，所有的"着"事件则成为现在的状态，"着"与"了"的互换就可以实现。因此，我们认为在将来时制下，由于"了$_1$"很难表示将来完成，从而导致不能表示将来结果状态持续，即使动词同时具有动态义与静态义，"了$_1$"与"着"也不能互换。例 22 的"退休"不具有动作的过程，并且句中的"了"是同时表示实现与新情况发生的"了$_{1+2}$"，所以"了"与"着"不能互换，只能使用"了"。

例 23 明年他将已经在读大学<u>了</u>。（帅志嵩，2008：61）

来年，彼はもう大学を通<u>ている</u>だろう。

帅志嵩（2008）在谈及时体分别论时指出，对于类似"明年他将已经在读大学了"这种把"将"、"已经"、"在"表示后时、先时、同时的三个时制成分共用的句子仍需要加强研究。

如图 4-9（或图 4-10、图 4-11）所示，"明年他将已经在读大学了"的句子中其实只有一个"读大学"的事件。这个事件的局面与例 22 相同，仍然是由"了$_{1+2}$"与"已经"配合表示的言及点 4（状态持续）。时间名词"明年"的作用在于把时间领域限定在将来，"在"可以表示"读大学"的动作性或状态性的持续，但如果句中没有"了"则句子不成立。"将"表示推测性的语气，使用与否并不影响句子的结构，如果使用则与日语的「だろう」对应。例 23 是一个由"明年"限定时间领域、"将""已经"和"在"配合"了"表示的将来结果状态持续的局面，句中的时间名词、时间副词、动态助词及它们所带有的语气成分是分工协作的关系，句中并不存在相对时制。

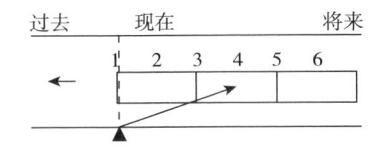

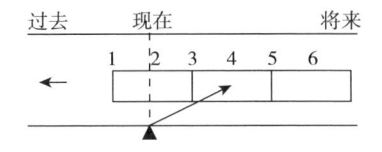

图 4-10 将来状态持续的时制构造（2）　　**图 4-11** 将来状态持续的时制构造（3）

如果现在时间是 7 点钟，司机刚把大巴从某处的车库开出来时，用图 4-10 表示动作刚刚开始、发话人言及的局面是 4，可以说：

例24　1 時間後には，学校の入口前にバスが停まっ<u>ている</u>。

　　　　1 小时以后，学校门口停<u>着</u>一辆大巴。

如果现在时间是 7 点 30 分，司机已经开着大巴走到半路时，用图 4-11 表示动作已经进行了一半并正在进行、发话人言及的局面是 4，可以说：

例25　30 分後には，学校の入口前にバスが停まっ<u>ている</u>。

　　　　30 分钟以后，学校门口停<u>着</u>一辆大巴。

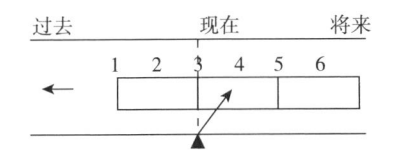

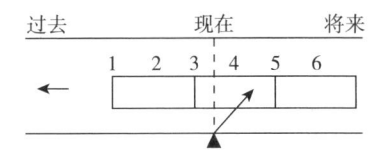

图 4-12 将来状态持续的时制构造（4）　　**图 4-13** 将来状态持续的时制构造（5）

当现在时间已经到达 8 点，司机刚刚把车停下来时，用图 4-12 表示动作刚刚完成、发话人言及的局面是 4，可以说：

例26　今から 8 時 30 分まで，学校の入口前にバスが停まっ<u>ている</u>。

　　　　从现在到 8 点 30 分，学校门口停<u>着</u>一辆大巴。

如果现在时间是 8 点 10 分，大巴已经停靠了 10 分钟时，用图 4-13 表示状态在持续中、发话人言及此后的（带有局限性的）持续局面（言及点 4），可以说：

例27　8 時 30 分までには，学校の入口前にバスが停まっ<u>ている</u>。

8点30分以前，学校门口停着一辆大巴。

由此可见，无论发话人位于何种现在时间位置，只要言及点4属于发话时间以后的范畴，日语都可以使用「テイル」、汉语都可以使用"着"来表示。

5）将来结果状态完成（消失）

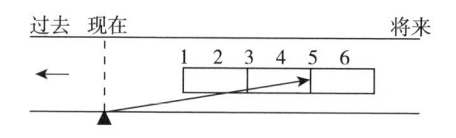

图4－14　将来结果状态完成的时制构造（1）

与"将来动作完成"（言及点3）的原理相同，日语单句无法使用语法手段「テイタ」表达"将来结果状态完成"（言及点5）。

例28　*明日の午後4時まで，着物を着ていた。

　　　　*到明天下午四点为止，我穿了（/过）和服。（了₁）

　　　　*到明天下午四点为止，我穿和服了。（了₁₊₂）

由于汉语的祈使句是"表示命令请求的句子，包括命令、请求别人（有时包括自己）做什么或不要做什么"（刘月华等，2001：810）的动作性句子，而言及点5是状态的完成（消失），所以不能使用祈使句，汉语的"了₁"、"过"或"了₁₊₂"也不能表达将来的言及点5。

当动词位于从句中时，日语动词可以用假定形、连体形来表达将来的言及点5"结果状态完成"。

例29　そのときまで着物を着ていたら（将来结果状态完成、条件从句），すぐにシャワーを浴びなさい。（今泉喜一，2012：145）

　　　　到那时为止你要是穿过和服（了），就马上冲个淋浴！

例30　そのときまで着物を試着していた人は（将来结果状态完成、连体修饰），会社に戻ってもよい。

　　　　到那时为止，试穿过和服的人就可以回公司了。

由于上述两个句子的日语动词「着る、試着する」是从句动词，虽然可以表示言及点5，但从句动词表示的时制是相对时制。

例31　その時間にお店に来ても，私達はもう食べ終わっているよ。

你那时候再来餐厅，我们（就）已经吃完了。

日语的「動詞連用形＋始める/続ける/終わる」及「動詞て＋くる/いく/しまう」（相当于汉语"开始、继续、完"）等所表示的是动作事件内部的"开始、持续、完成"，但不能表示状态部分的内部局面（今泉喜一，2012）。因此，例31的「食べ終わっている」所表示的并不是言及点5，而是言及点4。例29至例31中所使用的汉语"过"或"过＋了"，虽然能够表示完成，但并不表示绝对时制，而是相对时制。汉语不能使用语法形式表示"将来状态完成"，但可以通过词汇手段进行意义上的表达，或用词汇手段结合语法手段的方式表达。如：

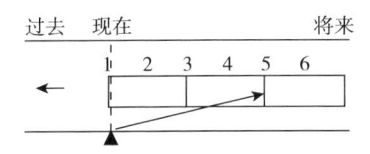

图4－15　将来结果状态完成的时制构造（2） 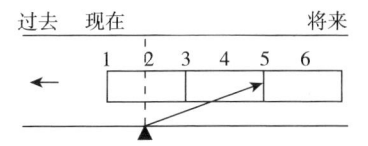　　图4－16　将来结果状态完成的时制构造（3）

例32　君たちが6月に東京に着いた時，　桜はもう咲き終わってしまうよ。

等你们6月份到东京时，樱花已经开过（完）了。

樱花开放这一事件会经过「咲く/开」（开始）→「咲いている/开着」（动作进行）→「咲いた/开了」（动作完成）→「咲いていた/开着/开了」（状态持续）→「咲き終わってしまう/开过❶（/完）

---

❶ 此处的"过"为动词，表示超过（某种范围或限度）的意思（吕叔湘，2002：163）。

了」（状态完成）的顺序，从而使"开花"的动作及状态具有一个完整的过程。也就是说，在表示将来结果状态完成时，日语需要使用表示完成意义的词汇「しまう」，汉语需要同时使用表示已然的副词"已经"和表示完成意义的动词"完"来配合"了"进行综合表述。

上述状况也适用于发话人处于言及点1—4的任何一个现在时间位置，不同的时间位置可以用图4-15至图4-18来表示。

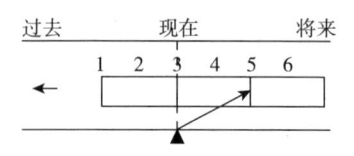

图4-17 将来结果状态完成的时制构造（4）

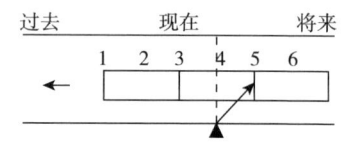

图4-18 将来结果状态完成的时制构造（5）

6）将来记忆持续

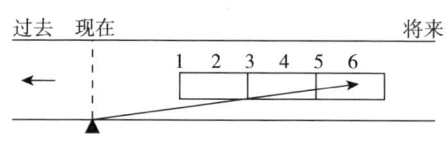

图4-19 将来记忆持续的时制构造（1）

例33 （当日で）5回着物を着ている。（今泉喜一，2012：146）
当天我（要）穿5次和服。

将来结果记忆是站在现在时间的位置对将来结果状态完成后的事件所进行的推测性记忆（言及点6）。

例33可以设定为准备结婚的女性在考虑结婚当天要穿几次和服的场面。发话人位于现在时间，所设想的是经过5次"穿、脱"（动作完成、状态消失）之后的局面，是对将来事件的记忆。日语可以使用「テイル」表示局面6，汉语则是通过各种词语分工合作的形式来表示。在汉语句中，时间名词"当天"限定时间为将来，动态助词"零"表示将来时制，"5次"从意义上表示出发话人言及的是局面6——记忆持续（如果没有数量词"5次"，则不能表达出事件的完整性，而体就会变为局面 1——开始）。

下面，我们再观察一下其他的动态助词是否可以使用。

例 34　*到今晚为止，我（就）穿着（/了/过）5 次和服。

如例 34 所示，即使发话人所言及的局面被时间语句限定在将来，汉语也不能够用动态助词"着"、"了"、"过"来表示记忆持续的局面。其原因在于："着"主要表示状态持续和一部分动作的进行，作为"了$_1$"的"了"表示完成和状态持续，"过"表示动作完毕或过去曾经有这样的事情。也就是说，即便句中存在表示将来的语句和表示事件完整性的数量词，汉语也不能分别单独地使用"着""了""过"来表示将来的记忆持续体。

例 35　到今晚为止，我就穿了（/过）5 次和服了。

　　　　今晚まで，私は5回和服を着ている。

例 35 句中动词后的"了"是"了$_1$"，句尾的"了"是"了$_2$"。"了$_1$ + 了$_2$"不仅表示变化或出现了新的情况，而且可以将状态完成与记忆持续作为同一事象来把握，因此汉语可以使用"了$_1$ + 了$_2$"或"过 + 了$_2$"的形式表示将来记忆持续。

当发话人在考虑将来发生的"穿和服"事件时，发话人也许还没有开始穿，也许正在穿，也许已经穿了 3 次。由于存在这种不确定性，其发话位置可以是所言及的记忆持续局面之前的任意一点（图 4 - 19 至图 4 - 25 中的任意一个▲的位置）。

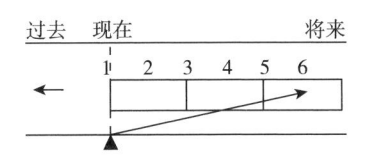

图 4 - 20　将来记忆持续的时制构造（2）

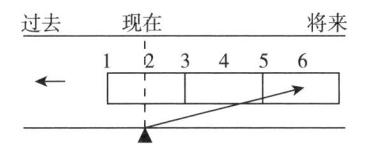

图 4 - 21　将来记忆持续的时制构造（3）

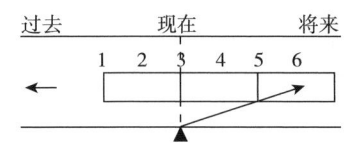

图 4-22 将来记忆持续的
时制构造（4）

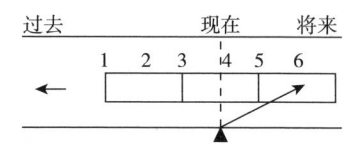

图 4-23 将来记忆持续的
时制构造（5）

图 4-24 将来记忆持续的
时制构造（6）

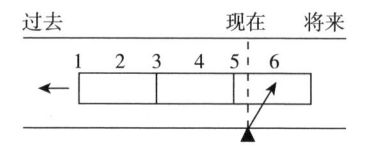

图 4-25 将来记忆持续的
时制构造（7）

在表示将来结果记忆持续时，汉语需要在时间被确定在将来的条件下，分别使用动态助词"零"、"了$_1$＋了$_2$"或"过＋了$_2$"的形式进行表达。

一事件的将来时制及其表达可归纳如下。

表 4-1 日语一事件将来时制

体 时制		动作 开始	动作 进行	动作 完成	结果状态 持续	结果状态 完成	记忆 持续
将来	语法 表达	ル	テイル		テイル		テイル

表 4-2 汉语一事件将来时制

体 时制		动作 开始	动作 进行	动作 完成	结果状态 持续	结果状态 完成	记忆 持续
将来	语法 表达	零	着（＋呢） 正在（＋呢）	了$_{1+2}$	着、了$_{1+2}$		零、了$_1$＋了$_2$、 过＋了$_2$

（表格中的"正在"包括"正在"、"正"、"在"，下同）

日语一事件的将来时制主要是由动词的「ル」形和「テイル」形表示。由于这两种标记表示的是非过去时间，所以从绝对时间的角度上看，两者不能从语法形态上表示动作完成和结果状态完成。不能

用语法手段表达并不意味着局面的缺失，日语可以用「終える」「終わる」「しまう」「終えてしまう」「終わってしまう」等词汇手段来表示将来的动作完成和结果状态完成。

各种语言都有各自的时体表达方式，但位于深层的各种语言的时体构造是基本相同的。汉语能够使用语法表达来表示将来的5个局面，除可以判定动态助词"零"是非过去时制标记以外，"着"、"了"、"过"都可以用于过去或非过去。换句话说，如果使用"着"、"了"、"过"表示将来的某个局面时，需要同时使用时间词来限定时间领域（这也是某些理论认为汉语不存在时制范畴，或认为时间词表示时制的原因之一）。此外，在表示将来完成时，汉语既可以用语法手段"了"，也可以用词汇手段"完"、"好"，但在表示将来结果状态完成时，汉语只能使用词汇手段。

4.2.2 一事件的现在时制

1）现在动作开始

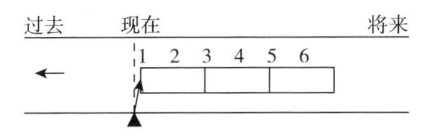

图 4-26 现在动作开始的时制构造

例36 そこで待ってくださいね。今、電話で先生に聞くから。
你在那等一等啊。（我）现在就打电话问老师。

例37 すぐ家を出る。
（我）马上出门。

现在动作开始是一种接近现在发话时的将来动作。如上述两例及图4-26所示，"聞く（问）"和"出る（出）"的动作实际上并没有开始，只是由"今（现在）"、"すぐ（马上）"等时间词使动作发生时间尽可能地接近发话时。这种局面也可以称作"近将来"（王松茂（1981）、今泉喜一（2000））。因此，言及点1并没有与发话时重合，

· 81 ·

而是位于接近发话时的位置，其汉日表达方式与将来时制的相同。

2) 现在动作进行

图 4-27　现在动作进行的时制构造

例38　梶夫人はけろりとして，子供のように不器用に箸を使っ<u>ている</u>。（井上靖『あした来る人』）

夫人显得若无其事，像小孩一般笨拙地动<u>着</u>筷子。

例39　やがて克平が帰って来たが，犬は同じように泣<u>いている</u>。（井上靖『あした来る人』）

不一会，克平回来了。狗依然不停地<u>叫</u>。

例40　「水をまい<u>ている</u>んだよ。」（井上靖『あした来る人』）

"<u>正在</u>洒水啊！"

例41　築山の向うにマダケの葉がそよい<u>でいる</u>。（水上勉『越前竹人形』）

假山的那一面，苦竹的竹叶<u>在</u>摇曳。

例42　「何をふらふらし<u>ている</u>んです？」（井上靖『あした来る人』）

"你游逛什么<u>呢</u>?"

现在动作进行是发话时间与动作进行时间相重合的局面（图4-27），日语使用动词的「テイル」形表示，汉语有多种表达方式。例38中的"着"表示现在正在进行的动作，例39则可以理解为"叫"后省略了"着"。即，汉语的动态助词"着"在单独用于句中（不与其他时间词并用）时也可以表示动作进行中。此外，汉语也可以使用时间副词表示现在动作进行，如例40的"正在"和例41的"在"。表面上看例42只有语气词"呢"，实际上是省略了"在"等表示现在时间的词语（如：你<u>在</u>游逛什么呢?）。"呢"只表示持续（吕叔湘

第 4 章 汉日一事件时制比较

(1999)),不表示现在时间。

3) 现在动作完成

```
过去          现在           将来
         1 2 3 4 5 6
  ←     ┌─┬─┼─┬─┬─┐
         └─┴─▲─┴─┴─┘
```

图 4-28 现在动作完成的时制构造

例43 「僕はおそらく，近い将来には，君の父親ではなくなるだろう。それがはっきりしたのは，本当のことを言えば，君の顔を見ていた今なんだ。今までは，まだいちるの望みのようなものがあったが，それは<u>いま棄ててしまった</u>よ。」(井上靖『あした来る人』)

"在不远的将来，我也许不再是你的岳父。坦率地说，我清楚地认识到这一点是在见到你的这一刻。而在此之前，我还怀有一缕希望，<u>现在则完全抛弃了</u>。"

例44 「はあ，<u>いまお目にかかりました</u>。」(井上靖『あした来る人』)

"嗯，<u>刚刚见过(了)</u>。"

例45 杏子は克平と二人になったことで，妙に落着かなかった。歩き出すと，少し足がふらついている。ハイボールの酔が<u>この時になって出て来た</u>ようだった。(井上靖『あした来る人』)

只剩自己和克平两人后，杏子不由有些不安。脚步也有点跟跟跄跄。那冰镇威士忌汽水似乎<u>现在才攻上(了)</u>头来。

如图 4-28 所示，现在动作完成是发话人站在现在时间位置观察已经属于过去的言及点 3。从构造上看，现在动作完成属于过去，其现在的意义是由一些表示事件的完成非常接近现在的时间词语(如"现在"等)或文脉所表达的(王松茂(1981)、今泉喜一(2000)

· 83 ·

等将此局面称为"近过去")。在日语中,尽管上述例句中都使用了「いま」「この時になって」等表示现在的时间词语,但它们的时制标记仍然使用表示过去的「タ」。

在汉语中,表面上看似乎除可以使用例 43 的"现在+了"以外,还可以使用例 44 的"刚刚+过"或例 45 的"现在+零"的形式,但实际上并非如此。关于"过"的意义和使用方法,吕叔湘(1999: 246-247)指出:"①用在动词后,表示动作完毕,后面可以带语气助词'了';②用在动词后,表示曾经有这样的事情。动词前可加副词'曾经'。"由此,可以认为例 44 实际上是省略掉"了"的上述①的形式,其完整形式应该是"刚刚见过<u>了</u>"。同理,我们可以认为例 45 也省略了"了"。

4) 现在结果状态持续

图 4-29 现在结果状态持续的时制构造

例 46 庭の泉水のあったあたりには、でこぼこに黒い泥土が広がって、饅頭型に土の盛られた裾に、三本の大きな松の木が黒こげの残骸になって倒れ<u>ている</u>。(井伏鱒二『黒い雨』)

在院子里有泉水的地方,是一片高高低低的黑色泥土,在像馒头一样的土堆下,倒着三棵烧焦的大松树的残骸。

例 47 事情还是原封不动地搁<u>着</u>。(欧阳山《苦斗》)
事はあいかわらず、もとのままに放置され<u>ている</u>。

例 48 他深深地爱<u>着</u>这个黑皮肤的姑娘。(路遥《平凡的世界》)
彼はこの黒い皮膚の女の子を深く愛し<u>ている</u>。

例 49 この平凡な住宅街でも、いろいろな事件がおこってい<u>る</u>。(石川達三『青春の蹉跌』)

第 4 章　汉日一事件时制比较

在这平凡的住宅区发生着各种各样的事件。

例 50　その田中という二十一の青年が現にこの東京に来ている。(田山花袋『布団』)

这个叫田中的二十一岁青年，眼下来到了东京。

例 51　「ちゃんと血統書もついている。氏素姓がはっきりしている。」(井上靖『あした来る人』)

"附有血统证书。什么品种写得很清楚。"

例 52　「でも気持は通じているんだろう？」(村上春樹『ノルウェーの森』)

"但心情是相通的吧？"

在表示现在结果状态持续（言及点 4）时，日语仅有「テイル」这一种形式，而汉语则有很多的表达方式。汉语的"着"可以表示持续中的状态和心理状态，所以如例 46 至例 49 所示，无论是动作动词或心理动词都可以附加"着"来表示局面 4。在例 50 中，与日语「テイル」对应的汉语是"眼下 + 了"。"眼下"是表示现在的时间名词，"了"在表示状态时可以与"着"互换使用，所以例 50 所表达的现在结果状态持续是由"时间名词 + 了"来分担表示的。例 51 的"有"和例 52 的"相通"都不能附加"着"，但这两个动词都属于状态动词，一个表示静态存在，一个表示关系，所以能够使用"存在动词 + 零"的形式与「テイル」对应。这也反映了汉语静态动词中的存在动词、关系动词、特性动词可以使用动态助词"零"来表示状态持续的特征（参照表 3 - 4）。

5) 现在结果状态完成（消失）

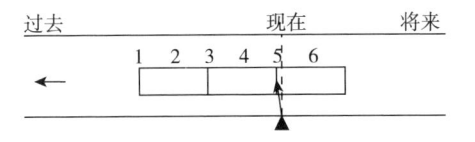

图 4 - 30　现在结果状态完成的时制构造

· 85 ·

例53 「その男が，つい先刻まで来ていた。」（井上靖『あした来る人』）

"那人刚刚来过。"

例54 「編物をしていましたの。東京では一度もこんなことしたことがありませんでしたがこちらへ来ましたら，こんな気持になります。自分でも変だと思いますわ。」（井上靖『あした来る人』）

"织东西来着。在东京根本没摸过这种活儿，回到这里才心血来潮。自己都觉得好笑。"

现在结果状态完成（消失）是言及点5（图4-30）的局面，是动作完成后残留的结果状态在发话时近前消失的局面。与现在动作完成一样，言及点5在构造上也属于过去，其现在的意义也是由一些表示非常接近现在的时间词或文脉所表达的。从语法标记上看，日语使用「テイタ」来表示，汉语使用"过"与"来着"表示。"过"❶用在动词后表示过去曾经有这样的事情（吕叔湘，1999：246）。"来"和"着"组合成的动态助词"来着"还保留着进行和持续的基本语义，但只表示过去进行的动作和状态（房玉清，1999：314）。"来着"用在句末表示曾经发生过什么事情（吕叔湘，1999：348）。在日语和汉语中，区别"大过去"和"近过去"的是句中的时间词或上下文的文脉。

汉语很难使用"了"来表示现在结果状态完成，这是由于"了"除了表示动作完成以外，更多地表示结果状态持续的缘故。如下例所示：

例55 中尾さんはユーカリの葉を頻りに嗅いでいた。工場長はこの常緑植物の葉を草取籠にぎっしり詰込んで僕に持た

---

❶ 根据"过"跟副词"曾经"能不能共现，可以把它分为两个：不能跟"曾经"共现的是"过₁"，可跟"曾经"共现的是"过₂"。"过₁"用在动词后表示动作完结，有时后面还可以加"了₂"。"过₂"用在动词或形容词后表示曾经发生某动作或存在某状态，但现在动作已不进行或状态已不存在。（房玉清，2008：307-308）

せたので，白っぽい粉の吹いている楕円形の若葉は，く
たくたに萎れていた。半月形の古葉は固苦しく折れまが
っていた。（井伏鱒二『黒い雨』）

中尾君一次又一次地闻着桉树叶。是厂长把满满的一篮子
常青树叶子装好之后，让我拿来的。原来都是带白粉的椭
圆形的嫩叶子，<u>现在已经枯萎变软</u>，卷曲成半月形的老叶
子<u>了</u>。

虽然时制是"现在"，但体却是由"了"表示的动作完成后的状态持续，是言及点4的局面。

6）现在记忆持续

图4－31　现在记忆持续的时制构造

现在结果记忆（言及点6）是发话人站在现在位置对过去状态完成后的局面所进行的回顾性记忆，是发话人用语言将过去事件再现于脑海中的表达方式（图4－31）。虽然事件作为动作或状态已经成为过去，但如同使用镜头将过去的场面拉至眼前一样，发话人关注的是现在浮现于脑海中的记忆场面。日语不使用动词的过去式（「タ」、「テイタ」）而使用非过去式的「テイル」，其目的就是要表达这种将事件浮现于眼前（并身临其境）的意义。

与具有推测性的将来结果记忆不同，现在结果记忆是对发话前发生的事件进行的回忆，只要是此前发生的事件，都有可能成为回忆。因此，必须澄清事件的参照时间，才能明确该事件表达的是什么局面。

下面的例56是小说中探长与被询问人的对话。其中，日语使用了两个「テイル」，汉语使用了"着"和"正（在）"，但这些标记表达的都不是现在结果记忆，原因就在于参照时间不是现在。

例56　「見かけたことがある？ それはどういうことだね？」と、このときに係長がきいている。(松本清張『点と線』)

"偶然碰到？这是怎么回事呢？"这时，探长问她。

「十四日の夕方でした。…お時さんとその男とはいっしょにホームを歩き、九州行のその特急に乗りこむのが、たしかに見えたのです。私たちは意外に思いました。お時さんが同伴で汽車で旅行に出かけ<u>ている</u>。妙なことがあるものだと思いました。つぎにはお時さんの秘密な一面を見た思いで、好奇心も手つだい、安田さんを見送ってから、八重さんと二人で十五番ホームに駆けあがり、その特急列車の窓からのぞきこみました。すると、お時さんはその男の人の隣の座席にすわって、たのしそうに話し<u>ている</u>じゃありませんか。まあ、あきれたもんだと思いました。」(松本清張『点と線』)

"那是十四号黄昏的事。……阿时正和那个男人一起走进月台，搭乘开往九州的特别快车。我们感到意外，阿时竟然跟<u>着</u>男人坐火车到外地旅行，这件事倒很有意思。后来，我们因为想探明阿时的秘密，好奇心重。送过安田先生之后，就和八重子跑到第十五号月台，从特别快车的窗子外面向里张望。那时候，阿时<u>正</u>坐在那男人的旁边，谈得很高兴。倒把我们看呆了。"

日语有两个「テイル」事件：(1)「出かけている」；(2)「話している」。

与「テイル」对应的汉语表达：①"着"；②"正（在）"。

在(1)的「テイル」之前有三句话，分别是「…夕方でした」「…見えたのです」「思いました」，这些表示的都是绝对时间"过去"。发话人是以上述"过去"为参照时间说出的「出かけている」，并且认识到「出かける」事件是需要一定时间的行为（如从出家门到回家用2天时间）。如果用复句表达这些意思，就可以说「出かけて

第4章 汉日一事件时制比较

いるお時さんを見た」。即，此处的「出かけている」表示的是"现在进行中"，而这个"现在"不是以发话时为参照时间，而是以过去事件为参照时间，它表示的是相对时制的"同时"，并不是绝对时制的"现在"。因此，句中与「テイル」对应的汉语"着"也表示"同时"，不表示绝对时制"现在"。

在（2）的「テイル」之前有两句话，「…思いました」「…のぞきこみました」。发话人也是以上述"过去"为参照时间说出的「話している」。同理，（2）的「テイル」表示的是相对时制"同时"，与其对应的汉语"正（在）"也不表示绝对时制"现在"。

汉语也可以使用"了"与日语的「テイル」对应。

例57 事件当日の夜、味見和三郎は修理を依頼されていた留守番電話をとりに、藤山家を訪れ<u>ている</u>。（日本电视剧『時効警察 第二話』）

在事件发生的当天晚上，味见和三郎由于接到需要维修留言电话的委托而拜访<u>了</u>藤山家。

例58 「ええと、一月二十日ですね」安田は目をつむっていたが、引出しの中から小型の手帳を出すと、ばらばらとめくって見た。「わかりました。その日は北海道に出張し<u>ています</u>。」（松本清張『点と線』）

"看看啊，一月二十号。"安田眯起眼睛，一页一页地翻看记事簿，"有了，那一天出差到北海道去<u>了</u>。"

例59 「二十日の十九時十五分の急行で上野を<u>発っています</u>。これは《十和田》号です」（松本清張『点と線』）

二十号乘十九点十五分的快车<u>离开</u>上野车站。这列火车是"十和田"号。

例57是电视句中在放映过去事件的同时所进行的旁白。这种一边放映过去事件一边以动词「テイル」形来进行叙述的手法，具有实时的效果。例58是发话人看完记事簿后回想起了过去的行动。例57与例58都是位于现在时间对过去事件的回忆，即以现在时间为参照

· 89 ·

点进行回忆。汉语使用"了"与「テイル」对应的原因在于：(1)"了"既可以用于过去也可以用于非过去；(2) 在表示已然体（perfect）时具有与发话时相关联的意义；(3) 在表示结果状态持续时"了"可以与"着"互换；(4) 能够用于非持续动词后。

例 59 中「発っています」的参照时间也是现在，对应的汉语是"离开"。从表面上看"离开"似乎是"零"形式，但从图 4-31 的构造及插入"了"后意义不变（或者说是意义更加明确）的结果来看，还是理解为"离开"后省略了"了"更加准确。

一事件现在时制的语法表达方式可归纳为表 4-3 和表 4-4。

表 4-3　日语一事件现在时制

时制＼体		动作开始	动作进行	动作完成	结果状态持续	结果状态完成	记忆持续
现在	语法表达		テイル		テイル		テイル

表 4-4　汉语一事件现在时制

时制＼体		动作开始	动作进行	动作完成	结果状态持续	结果状态完成	记忆持续
现在	语法表达		着、正在		着、了₁、静态动词+零		了₁

进行体、状态持续体和记忆持续体的局面在构造位置上与发话时重合，是名副其实的现在局面，其他形式的体实际上是近将来或近过去的局面。无论是日语还是汉语，都会有现在时制的语法表达与将来或过去时制的语法表达相同的现象。这种现象从侧面上也印证了时制应按照过去与非过去（将来、现在）的标准进行分类的原则。

7）三种"现在"

今泉喜一（2012）认为所谓的"现在"时间实际上有三种形式，即"绝对现在"、"发话现在"和"设定现在"。对于这三种"现在"，可以进行如下理解。

(1) 绝对现在。

"绝对现在"是指准确的钟表所告诉我们的每一时刻，所有事件都会在这个"绝对现在"的时刻实现于现实界。发话（包含记述）本身也是事件的一种，所以发话作为一种行为也发生于"绝对现在"时间。

(2) 发话现在。

事件一旦实现，就会从实现的瞬间开始成为过去的事件，发话也不例外。即使发话内容中包含有"现在"这样的词语，事件也不是"绝对现在"的现在。但是，发话内容中也会保持一个时制，这个时制是以话语内容中的发话时间为基准而存在的。如：

例60　彼は「私は，今，仕事をしているよ」と言った。

　　　　他说："我现在正干着活呢！"

例60中虽然有"现在"一词，但发话内容已成为过去，此时的发话时间的基准是随着事件的流向而流动的相对"现在"。因此，这种"现在"可称为"发话现在"。

(3) 设定现在。

作为事件的一种形式，发话实现于"绝对现在"。但是，在发话时，发话人也可以设定一个与"绝对现在"不同的现在，用来把过去或未来的事情表现为宛如发生在此时此刻。使用这种方法进行描述时所设定的现在，就是"设定现在"。如，在使用录像或图片等报道过去发生的事件时，尽管资料显示的是过去内容，解说员却可以一边看着录像或图片等一边解释说：

例61　「今，私たちは江戸時代の下町に来ています。」

　　　　"现在，我们来到了江户时代的老城。"

"设定现在"如同把摄像机镜头对准过去或未来的某一时点，主播将从那里获得的图像和话语进行直播一样，具有临场效果。"设定现在"也被称为"历史性现在"，其原因就在于此。

4.2.3 一事件的过去时制

1) 过去动作开始

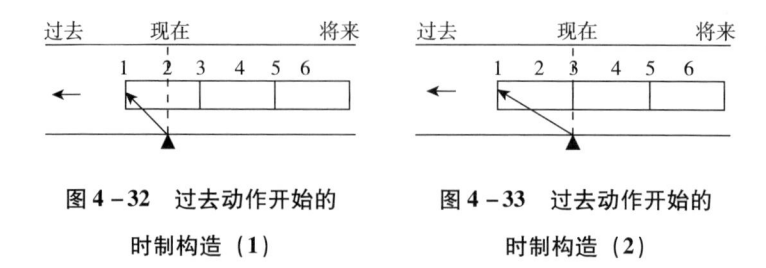

图 4-32 过去动作开始的时制构造（1）

图 4-33 过去动作开始的时制构造（2）

过去动作开始是从发话位置指向言及点 1 的局面。

例 62　　＊10 分前に、彼はご飯を食べる。

　　　　　　＊10 分钟之前，他吃饭。（图 4-32，现在仍然在吃饭。）

例 63　　＊1 時間前に、彼はご飯を食べる。

　　　　　　＊1 小时之前，他吃饭。（图 4-33，现在刚刚吃完饭。）

由于日语的「ル、テイル」属于非过去范畴，「タ、テイタ」属于过去范畴（高桥太郎（1985）、工藤真由美（1995）），汉语的"零"也不能单独表示过去事件，因此，无论现在是例 62 正在吃饭，还是例 63 刚刚吃完，日语和汉语的句子均不成立。日语语法形式「ル」和汉语语法形式"零"都不能表示过去开始的局面。

日语和汉语都不能使用语法手段表示过去开始，但可以使用词汇手段表示。

例 64　　雨が降り<u>出した</u>ね。

　　　　　　<u>下起</u>雨<u>来了</u>啊。

例 65　　1 時間前に、彼はご飯を食べ<u>始めた</u>。

　　　　　　1 小时之前，他<u>开始</u>进食<u>了</u>。

使用词汇手段表达的是意思上的开始。从语法形式上看，日语用的是「タ」，汉语用的是"了"，表达的仍然是过去时间。

在表示将来完成和过去开始的局面时，日语和汉语都不能单独使用语法手段，而只能用词汇手段。日语的「タ」和汉语的"了"有时也能表示过去开始,但这是动作事件内部的局面变化,并不是动作本身的"开始→进行→完成"中的开始部分。

根据发话人的现在位置,也可以用图 4-34、图 4-35、图 4-36 的形式进行描绘。

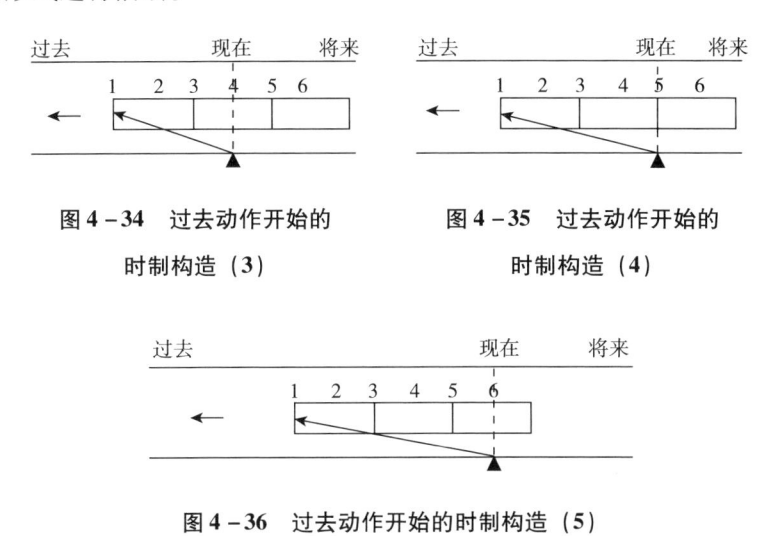

图 4-34 过去动作开始的时制构造(3)

图 4-35 过去动作开始的时制构造(4)

图 4-36 过去动作开始的时制构造(5)

在假定形的从句中,日语可以使用「ル」表示过去开始,汉语可以使用"零"与其对应。

例 66 着物を着るなら、シャワーを浴びればよかったのに。
要是穿和服,你先洗个澡就好了。

听话人已经完成了"穿和服"的动作,发话人与听话人现在都是位于点 4 以后的局面,发话人责备听话人应该洗完澡后再穿和服。

但是,这不属于时制范畴,而是属于语气或情态的范畴。

2) 过去动作进行

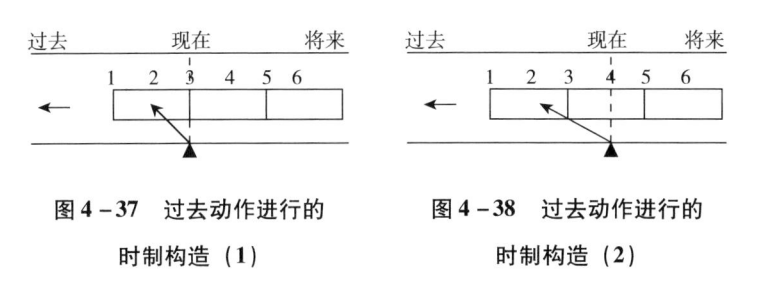

图 4-37 过去动作进行的时制构造(1)

图 4-38 过去动作进行的时制构造(2)

例 67 昨日の12時には、彼女は友達と一緒にご飯を食べていた。

　　　　昨天中午12点，她正在和朋友们一起吃饭。

例 68 私が愈立とうという間際になって、（たしか二日前の夕方の事であったと思うが，）父は又突然引っ繰返った。私はその時書物や衣類を詰めた行李をからげていた。

　　　　（夏目漱石『こころ』）

　　　　到我快要动身的时候——记得是在行期前两天的傍晚吧，父亲又突然晕倒了。那时我正在捆扎装着书籍和衣服的行李。

　　在表示过去动作进行（言及点2）时，无论有没有过去时间词或有没有表示出过去时间的文脉，日语都可以使用「テイタ」。在时间被限定在过去的条件下，汉语可以使用例67（图4-37）"正在"或例68（图4-38）"正在+着"的形式表示过去动作进行。此外，也可以使用"来着"表示过去时间。

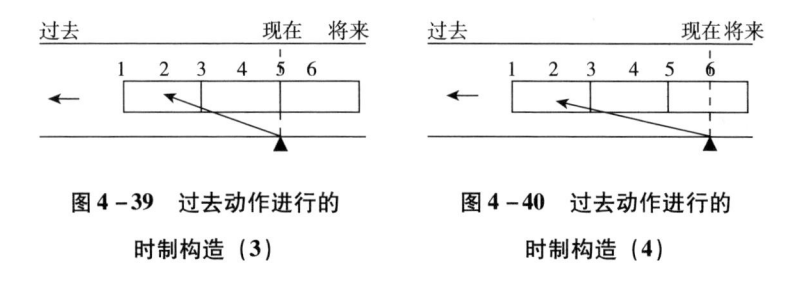

图4-39　过去动作进行的　　　图4-40　过去动作进行的
　　　　时制构造（3）　　　　　　　　时制构造（4）

例 69 別れのとき，彼女らはホテルの入口に立って何かを話していた。

　　　　分手的时候，她们站在酒店门口说着什么来着。

例 70 7時から8時まで，彼女は和服を着ていた。

　　　　7点到8点，她正在穿和服来着。

　　例69（图4-39）和例70（图4-40）分别使用了"着"和"正在"，但由于同时使用了表示曾经发生过什么事情的"来着"，所以能够确认出事件属于过去。

3）过去动作完成

图 4-41　过去动作完成的时制构造（1）

图 4-42　过去动作完成的时制构造（2）

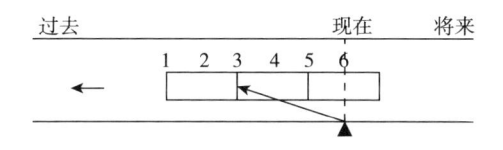

图 4-43　过去动作完成的时制构造（3）

过去动作完成是从图 4-41 至图 4-43 中的发话位置指向言及点 3 的局面。日语有两种表达方式，一种是表示整体动作完成的「タ」，另一种是表示进行中动作完成的「テイタ」。

例71　お父さんは煮たぎる釜の蓋を取った。
夫人的父亲打开了煮茶罐的盖子。（井上靖『あした来る人』）

例72　学生たちが家に帰った。
学生们回家了。

例73　彼はもう北海道に行ってしまった。
他已经去了北海道了。

对于表示整体动作完成的日语「タ」，汉语可以用"了$_1$"、"了$_{1+2}$"、"了$_1$+了$_2$"的形式与其对应。

例74　彼女は和服を着ていた。
她穿和服来着。

例75　「ずっと、そう、思いつづけていたんだ。」（安部公房『砂の女』）
"一直这么想来着。"

例76　「そこにすわって、何をしてたの？——寝顔を見ていた？」（安部公房『砂の女』）

　　　　"坐在这儿，干什么来着？——看我睡觉？"

　　日语「テイタ」表示的是具有进行过程的持续性动作的过去完成，与其对应的汉语的表达方式是"来着"。

　　宋玉柱（1981）和张谊生（2000）认为"来着"表示过去时间，是时制成分。张谊生（2000：62）指出："可以同'来着'共现的动词，在语义上都具有一个同有的特征——必须具有一定的过程性。也就是说，必须是持续动词，而不能是瞬间动词。"此外，王力（1943）提出"来着"表示"近过去貌"，张谊生（2000）认为"来着"可以兼表现在完成体，陈前瑞（2006）认为"来着"是一个指称事件发生在过去并对现时语境有影响的标记，即完成体（perfect）标记。由此看来，与表示过去进行完成（言及点3）的日语「テイタ」对应的汉语标记正应该是"来着"，而不能是表示整体动作完成的"了"或表示经历的"过"。对于"近过去（貌）"或"现在（完成）"的时间位置问题，我们认为从绝对时间的角度考虑，事件本身都属于过去范畴，"来着"表示的就是过去时制。至于离绝对现在远近的问题，正如王力（1943：156）所言："甚至很远的事情也可以说'来着'，只要说话人心目中觉得是近（往往指言语问答方面），就行了。"（参考图4-28、图4-30、图4-42等）。

4）过去结果状态持续

例77　子供の頃、彼はいつも裸足をしていた。
　　　　小时候，他总是光着一双脚。

例78　壁に絵がかかっていた。
　　　　墙上挂着画来着。

例79　昨日の夜中には、鶏がすでに死んでいた。
　　　　昨天半夜的时候，鸡已经死了。

例80　昨日の結婚式に、彼女はチャイナドレスを着ていた。

a. 昨天的婚礼上，她穿着一件旗袍。
b. 昨天的婚礼上，她穿了一件旗袍。

图4-44 过去结果状态持续的时制构造（1）

图4-45 过去结果状态持续的时制构造（2）

过去结果状态持续是图4-44或图4-45中的言及点4，日语不受动词类型和有无时间词的限制，都可以用「テイタ」表示。在汉语中，如例77至例79所示，使用"着"的时候需要并用过去时间词语或"来着"，使用"了"的时候需要并用过去时间词语，其原因在于单独使用"着"或"了"表示状态时的时间意义是现在。当然，如例80所示，当时间被明确在过去、发话人言及状态持续局面，并且所用的动词为持续性动词时，汉语的"着"和"了"可以互换使用，两者都可以与「テイタ」对应。

5）过去结果状态完成（消失）

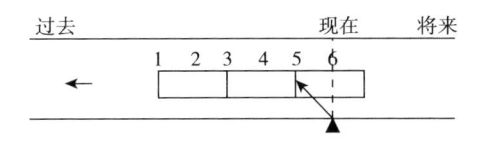

图4-46 过去结果状态完成的时制构造

例81 去年までは、日本で勉强していた。
到去年为止，我在日本学习来着。

例82 退社する前は、作業服を着ていた。
下班之前，他穿着工作服来着。

过去结果状态完成是发话人位于现在位置言及局面5（图4-46）。这时的言及点5是动作完成后存在的状态已经消失并成为过去，日语用「テイタ」来表示。例81的"学习"和例82的"穿着工作服"都是一种状态，无论有没有过去时间词，都可以通过使用"来着"表示事件完成于过去。

例83 言きらめく湾内に碇泊している艦隊は、秘密の勢揃をしていたのかもしれない。この艦隊にまつわることはみんな機密に属し、私たちはほとんどそういう艦隊が本当に存在するのかを疑っていたほどである。だから遠望された聯合艦隊は、名のみ知っていて写真でしか見たことのない威厳のある黒い水鳥の群が、人に見られているとは知らずに、威々しい老鳥の警戒に護られて、そこでひそかな水浴を娯しんでいるように見えたのである。（三島由紀夫『金閣寺』）

a. 停泊在舞鹤湾内的盛装的舰队，也许是秘密集结。有关这个舰队的一切都是绝密的。我们甚至怀疑过它是否真的存在。因此远远望见的联合舰队在我眼里就像只知名字，只在照片上见过的威风的黑色水鸟群，不知道已被人察觉，在凶猛的老鸟警护下，偷偷戏水洗澡。

b. 停泊在……我们甚至怀疑它是否真的存在来着……（笔者译）

从例83的上下文中可以明白"怀疑"事件已经不存在。"怀疑"是静态动词，表示状态。日语使用「テイタ」表示状态的消失，汉语可以使用a的"过"，也可以使用b的"来着"与其对应。使用"过"表示的是包括动作和状态的整体事件的完成，使用"来着"表示的是状态持续的完成。

6) 过去记忆持续

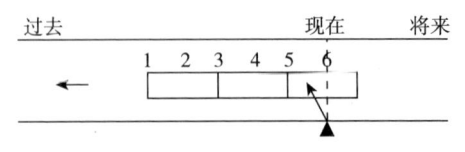

图4-47 过去记忆持续的时制构造

例84　「なに、安田さんは、何度も腕時計を眺めていたって?」

"怎么，安田先生看了好几次手表吗?"

「ええ、そりゃ、もう、たびたび。コックドールにいるときからですわ」(松本清張『点と線』)

"可不是，看了好多次，从吃饭的时候就看起了。"

例85　当日で5回着物を着ていた。

当天穿了5次和服。

例86　去年の年末まで、日本へ5回行っていた。

到去年年底为止，我一共去了(/过)5次日本。

过去记忆持续是发话人对事实上已经不存在的事件所进行的回忆，是言及点5以后的局面（图4–47）。日语的「テイタ」在表示过去时间的同时也能够表示事件的完整性，与其对应的汉语表达方式则只有"了"和"过"。

一事件过去时制的语法表达方式可归纳为表4–5和表4–6。

表4–5　日语一事件过去时制

时制 \ 体		动作开始	动作进行	动作完成	结果状态持续	结果状态完成	记忆持续
过去	语法表达		テイタ	タ	テイタ	テイタ	テイタ

表4–6　汉语一事件过去时制

时制 \ 体		动作开始	动作进行	动作完成	结果状态持续	结果状态完成	记忆持续
过去	语法表达		着+来着、正在+来着、正在(+着)	了₁、了₁₊₂、了₁+了₂	来着	着(+来着)、了₁₊₂	(着+)来着、过	了₁、过

将表4–5与表4–6进行比较可以发现，日语和汉语都不能使用语法手段表示过去开始，需要从词汇意义进行表达。日语除整体动作完成用「タ」表示外，其他的局面都可以使用语法手段「テイタ」表示。汉语在使用"正在"或"着"表示某个局面时，由于这两种

方式并不能表示过去时间，所以需要同时使用过去时间词语或"来着"。在汉语的语法手段中，"来着"、"了"和"过"具有表示过去时间的功能，能够直接或与"着"、"正在"等搭配表达过去动作进行到记忆持续的5个局面。

4.2.4 汉日一事件时制及其表达

通过上述考察，可以将日语和汉语一事件各个局面的时制及其表达分别归纳为表4-7和表4-8。

表4-7 日语一事件时制及表达

时制 \ 体	动作开始	动作进行	动作完成		结果状态持续	结果状态完成	记忆持续
将来	ル	テイル	词汇手段		テイル	词汇手段	テイル
现在		テイル			テイル		テイル
过去	词汇手段	テイタ	タ	テイタ	テイタ	テイタ	テイタ

当日语句为单句（一事件句）时，动词只有绝对时制，其特征如下。

（1）日语时制的类型包括将来、现在和过去三种。由于「テイル」既可以用于将来也可以用于现在，所以也可以合并为非过去和过去两种类型。

（2）将来时制的标记有「ル」和「テイル」，但它们无法表示将来的动作完成和结果状态完成，必须使用词汇手段进行意义上的表示。「ル」只表示将来开始；「テイル」可以表示将来和现在的6个局面，需要使用时间词或文脉等信息来区别将来和现在时制。

（3）现在时制的标记是「テイル」，它只表示现在动作进行、现在结果状态持续、现在记忆持续3个局面。从绝对现在的意义上考虑，现在动作开始属于将来时制的局面，现在动作完成和现在结果状态完成属于过去时制的局面。

（4）过去时制的标记是「タ」和「テイタ」，但它们无法表示过

第4章 汉日一事件时制比较

去的动作开始，必须借助词汇手段进行意义上的表示。「夕」只表示完整动作的完成，「テイタ」可以表示包括"持续性动作完成"的5种过去时制局面。

日语时制标记的使用具有义务性，无论句中是否有时间词，时制标记都不能省略。日语不能用语法手段表示将来动作完成和过去动作开始，必须用词汇手段进行意义上的表示。这说明日语的语法标记并不能覆盖所有局面的时制表达。

表4-8 汉语一事件时制及表达

体\时制	动作开始	动作进行	动作完成	结果状态持续	结果状态完成	记忆持续
将来	零	着（+呢）正在（+呢）	了$_{1+2}$	着、了$_{1+2}$	词汇手段	零、了$_1$+了$_2$ 过+了$_2$
现在		着、正在		着、了$_1$ 静态动词+零		了$_1$
过去	词汇手段	着+来着 正在+来着 正在（+着）	了$_1$ 了$_{1+2}$ 了$_1$+了$_2$	来着	着+（来着）了$_{1+2}$	（着+）来着过	了$_1$、过

当汉语的句子为一事件句时，动词只有绝对时制，其特征如下。

（1）汉语时制的类型有"将来"、"现在"、"过去"三种形式。

（2）汉语时制的语法表达体系是："零"表示将来，"着"和"正在"表示现在，"了"和"过"表示过去。在分别表示各时间领域中发生的事件时，"零"、"着"和"正在"、"了"和"过"具有使用上的义务性。

（3）在将来时制中，"零"表示动作开始，"正在"仅表示动作进行，"着"表示动作进行和状态持续，"了$_{1+2}$"表示动作完成并可以与"着"进行互换表示状态持续。结果状态完成是一个状态消失的局面，在将来时间领域只能用词汇手段进行意义上的表达。将来的记忆持续是对将来状态消失后的完整事件所进行的推测性记忆，可以使用"零"、"了$_1$+了$_2$"、"过+了$_2$"的语法手段表达。

(4) 现在时制只涉及三个局面,动作进行、结果状态持续、记忆持续。动作进行由"着"和"正在"表示,结果状态持续由"着"、"了₁"、"状态动词+零"表示。现在记忆持续是以现在时间为参照点对此前已经结束的事件所进行的回忆,由"了₁"表示这个局面。

(5) 在过去时制中,动作开始的局面只能用词汇手段表达,"着"和"正在"需要与"来着"搭配表示动作进行或结果状态的局面,"来着"可以表示完成,"了"可以表示动作完成、结果状态持续和记忆持续,"过"表示结果状态完成和记忆持续。

汉语时制标记的使用具有半义务性特征并体现出较强的经济原则。当句中没有时间词时,时制标记"零"、"着"、"正在"、"来着"、"了"、"过"都可以相应地表达出将来、现在、过去的时间。当句中有时间词时,会出现省略时制标记的现象,其原因在于:时间词表示的是时间系统,时制标记表示的是属于时间系统的时制范畴,并且时间词与时制标记具有分工协作关系,当时间词已经确定了事件发生的时间领域时,可以省略时制标记❶。汉语不能使用语法手段表示将来结果状态完成和过去动作开始,必须用词汇手段进行意义上的表示。

汉日一事件时制标记对比如下。

当时制为非过去(将来、现在)时,日语「ル」表示动作开始,「テイル」表示进行或持续,完成局面用词汇手段表达,呈现出「ル」和「テイル」的非过去性特征;汉语"零"、"正在(+呢)"、"着(+呢)"也具有非过去性特征。"零"可以单独表示动作开始,与静态助词搭配表示状态持续,与数量词搭配表示记忆持续;"正在(+呢)"表示动作进行;"着(+呢)"表示动作进行和状态持续;"了"表示动作完成、结果状态持续和记忆持续,结果状态完成局面用词汇手段表达。

---

❶ 可以省略并不意味着必须省略,"零"、"着"、"正在"、"来着"、"了"、"过"既是时制标记也是体标记,可以同时发挥表示时制和体的功能。

当时制为过去时,日语和汉语都必须使用词汇手段表达动作开始;日语中除需要使用「タ」表示单纯动作完成以外,包括进行动作完成的 5 个局面均由「テイタ」表示,呈现出「タ」和「テイタ」的过去性特征;汉语标记的使用也呈现出明显的过去性使用方法,由于"正在"和"着"不具有过去性意义,所以会与"来着"搭配表示动作进行或状态持续,"了"、"来着"、"过"具有表示过去的功能,可以分别表示完成和持续的局面。

日语的时制标记「ル、テイル」和「タ、テイタ」分别表示非过去与过去的各个局面,具有明显的时制特征。汉语的时制标记"零、正在、着"表示非过去,"来着、过"表示过去,具有明显的时制特征。与日语不同之处在于:汉语"了"可以表示非过去和过去,"正在、着"可以和"来着"搭配表示过去,呈现出汉语时制标记中既有多功能标记,也有单一功能标记,单一功能标记可以用搭配形式互补表示时制的特点。

第5章　汉日两事件时制比较

5.1　复句与两事件句

　　日语的复句是由两个或两个以上的从句构成的（工藤真由美（1995）、今泉喜一（2000）、野田尚史等（2002））。根据从句对主句（末句）的功能，可以将从句划分为名词从句、连用从句、连体从句、并列从句四种类型（野田尚史等2002：65－73）。复句中的从属节根据与其所连接的词语或在复句中的功能又可分为：作谓语补充语的"补足从属节"；作谓语或主句全体修饰语的"副词从属节"；修饰名词的"连体从属节"（益冈隆志、田窪行则，1992：181）。
　　日语和汉语在复句的概念和类型上区别较大。如：
　　例1　彼が北京に住んでいることは私も知っている。
　　　　　我也知道他住在北京。
　　在日语中，由于有两个动词，所以例1是复句。在汉语中，例1的谓语是动词"知道"，宾语是"他住在北京"，例1的汉语句是单句。
　　尽管汉语和日语在复句分类方法上有所不同，但只要是事件，都会发生于某个时间区域。因此，考察时制问题时关注汉日语句子类型固然重要，然而核心还是事件与发话时现在的关系、各事件之间的时间关系和它们的表达方式。
　　关于日语的相对时制，可以明确的是：相对时制包括后时、同时、先时三种类型，「ル」表示后时，「テイル」表示同时，「タ」表示先时。但这只是考察语法表达手段所得出的结论，至于句中使用了时间词语时的相对时制会不会发生变化、复句的类型是否影响相对时制的判断等问题还需要进一步的深入考察。而且，也有如何判断前后句动词词形相同时的从句时制、从句的时制是否也可以有绝对时制等问题。

5.2 日语两事件句的时制

5.2.1 主从句时制关系概观

所谓相对时制是在以主句❶事件发生时间为参照点，观察从句事件发生时间与这个参照点之间的时间关系时得出的概念。

例2 歌を歌った（[1]）人が踊りを踊る（[2]）。

（从句—先时，主句—将来）

唱歌的人跳舞。

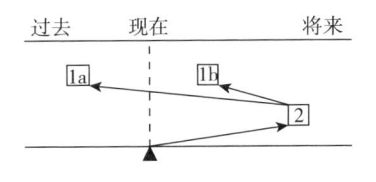

图 5 – 1　例 2 的时制构造

图 5 – 1 描绘的是例 2 的时制构造。图中，[2]表示主句事件，[1a]表示位于过去的从句事件，[1b]表示位于将来的从句事件。

主句事件[2]是由动词的「ル」形表示，可以判断出主句事件发生

---

❶ 对于从句和从属节的概念可以理解如下。
彼が歌う前に私は踊る。私は酒を飲むことが嫌いだ。
从句　　主句　　　　从属节　　[ことが嫌いだ] → 主句

于将来时间,即绝对时制为"将来"。从句事件①是由动词的「タ」形表示,根据从句事件时间以主句事件发生时间为判断基准的原则,可以得出「歌を歌った」表示的是相对于主句时间的过去,即相对时制"先时"。如图5-1所示,这个"先时"既可以属于将来也可以属于过去,如果只考虑相对时制是"先时"即可,这个问题可以忽略;如果必须确定"先时"属于将来还是过去,则有必要使用时间词。

主从句的动词词形也有相反的情况。如:

例3 歌を歌う(①)人が踊りを踊った(②)。

(从句—后时,主句—过去)

唱歌的人跳了舞。

图5-2 例3的时制构造(1)　　**图5-3 例3的时制构造(2)**

图5-2中,①表示从句,②表示主句。从句时制是由「ル」表示的后时,主句时制是由「タ」表示的过去。理论上讲虽然「ル」表示将来时间的概率很高,但也不能排除图5-3的情况,即主从句都属于过去范畴,①表示的是属于过去范畴的相对时制"后时"。

主从句的动词也可以是相同词形。如:

例4 歌を歌う(①)人が踊りを踊る(②)。

唱歌的人跳舞。

例5 歌を歌った(①)人が踊りを踊った(②)。

唱了歌的人跳了舞。

当从句的动词词形与主句的动词词形相同,即从句事件与主句事件都由「ル」或「タ」表示时,存在如何判断从句动词表绝对时制还是表相对时制的问题。对于这种现象,金水敏等(2000)举如下两例并做出了解释：

例6 ［午後3時に殺害された］A子さんが午前8時頃、駅前で目撃された。

有人在上午8点左右在站前看到了下午3点被杀害的A子。

例7 ［その年に卒業する］学生を30人募集した。

聘用了当年毕业的30名学生。

連体節を含む文の場合は、連体節の形態（スル/シテイルか、シタ/シテイタか）が主節の発話時によって決定されるのか、主節との相対的な先後関係によって決定されるのかが問題とされてきた。前者を絶対的テンス、後者を相対的テンスという。(14) a ［＝(6)］は絶対的テンスの例、(14) b ［＝(7)］）は相対的テンスの例と見なせる。❶

也就是说，金水敏等（2000）的观点是：

当复句的从句为连体从句、从句动词的词形与主句动词的词形一致，即主从句事件的发生时间都是以发话时间为基准时，从句动词所表现的时制为绝对时制。当从句动词的词形与主句动词的词形不一致时，从句动词所表现的时制为相对时制。

但是，在从句动词表示绝对时制的例6中，难道就没有必要考虑主句事件和从句事件之间的时间顺序，即相对时制吗？如果将例6的时间名词「午後3時」与「午前8時頃」互换位置，或者将二者换为其他的时间词语，主句事件和从句事件之间的时间关系会发生怎样的变化？既然例6的主从句事件都发生于同一时间区域，那么主句事件和从句事件之间的时间关系将怎样确定？我们认为例4与例6中也存在相对时制，而例7中虽然可以将「その年に卒業する」的时制认为是"以后"的相对时制，但是如果将其改为「その年に卒業した」，就能够肯定从句表现的是绝对时制吗？

此外，还有如下的表达方式：

例8 歌を歌っている人が踊りを踊っている。

---

❶ 引自金水敏等（2000：11）。

唱着歌的人正在跳舞。

例9 歌を歌っていた人が踊りを踊っていた。

那时，唱着歌的人正在跳舞。

当主从句动词词形不同时，可以根据对比动词词形来判断从句时制。但是，当主从句动词词形相同，即不能根据动词词形明确地判断出主从句事件之间的时间先后关系时，有必要考虑动词以外的时间词语或其他表时要素的作用。同时也要考虑复句的类型是否对时制的判断产生影响。

5.2.2 表示相对时间的词语与两事件时制

1)「まえ、あと、とき」的功能

在日语中，根据名词在句中的位置及其使用方法，或根据词汇本身具有的性质，也可以将「昨日、今、来週」等词汇归类于「副詞的成分」（日本語記述文法研究会，2007：119）。而对于在表示日语复句时制时被频繁使用，能够明确地表示相对时制的词汇「まえ（に）、とき（に）、あと（に/で）」来说，其本身也具有构成副词相当句或副词节的功能（益岡隆志、田窪行則，1992：36）。

表示时间的词语可以根据其表示的是相对时间还是绝对时间来分类。表示相对时间的词语可以分为表示某一时间以后的词语（如「後、以後、から」），表示与某一时间同时的词语（如「時、同時、あいだ」），表示某一时间以前的词语（如「前、以前、まで」）三个类别。同样，表示绝对时间的词语也可以分为表示将来时间的词语（如「明日、将来」），表示现在时间的词语（如「いま、現在」），表示过去时间的词语（如「昨日、過去」）三个类别。

在复句中可以通过动词的词形判断从句的相对时制。但是，当主从句动词词形完全一致时，就需要使用动词以外的词汇，即表示时间的词语等来判断从句的相对时制。如：

例10 彼が歌う（①）まえに私が踊る（②）。

（图5-4：从句—后时）

第 5 章　汉日两事件时制比较

他唱歌以前我跳舞。

例 11　彼が歌った（$\boxed{1}$）<u>あと</u>で私が踊った（$\boxed{2}$）。

（图 5－5：从句—先时）

他唱了歌以后我跳了舞。

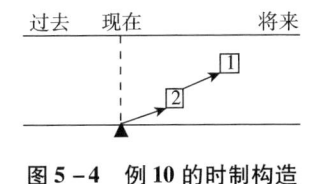

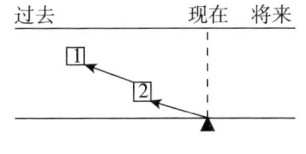

图 5－4　例 10 的时制构造　　**图 5－5　例 11 的时制构造**

在例 10、例 11 中存在着「まえ」和「あと」这两个能够表示时间顺序的词语。根据时间词语的含义，可以得出这样的结论：例 10 中的「まえ」表示的是主句事件发生在先、从句事件发生在后的时间顺序，复句的时制则体现为"从句事件时制—后时、主句事件时制—将来"。例 11 中的「あと」表示的是主句事件发生在后和从句事件发生在先的时间顺序，即"从句事件时制—先时、主句事件时制—过去"。并且，从词语搭配原则上考虑，在「まえ」之前使用的动词一定是「ル」形，在「あと」之前使用的动词一定是「タ」形。而正由于「まえ」和「あと」的使用，复句中主从句事件发生顺序才得以确定。

例 12　パリへ行った（$\boxed{1}$）<u>とき</u>に鞄を買う（$\boxed{2}$）。

（图 5－6：从句—同时）

去了巴黎的时候买包。

例 13　パリへ行く（$\boxed{1}$）<u>とき</u>に鞄を買った（$\boxed{2}$）。

（图 5－7：从句—同时）

去巴黎的时候买了包。

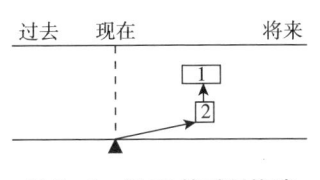

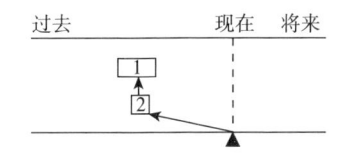

图 5－6　例 12 的时制构造　　**图 5－7　例 13 的时制构造**

・109・

「とき」的使用及其所表示的时间则与「まえ」和「あと」不同，如例12、例13所示，在「とき」之前使用的动词既可以是「タ」形，也可以是「ル」形。实际上例12的「行ったとき」是指从「行ったあと」到「戻るまえ」的时间段，例13的「行くとき」是指从「行くことを決めた」到「パリに着く」的时间段。「とき」的使用意味着主句事件发生在「とき」所示的时间，这个时间既可以是一个时点，也可以是一个时间段，但两事件的发生时间是在某一时点（或时间段）上有所重合的。因此，例12、例13的从句时制均为"同时"。从动作的时间长度上看，「行く」动作一定要比「買う」动作时间长，「買う」是发生在「行く」时间段中的事件，所以图形上显示为1比2幅度宽。

例14 パリへ行った（1）ときに鞄を買った（2）。

（图5-7：从句—同时）

去了巴黎的时候买了包。

例15 パリへ行く（2）ときに鞄を買う（2）。

（图5-6：从句—同时）

去巴黎的时候买包。

「とき」也可以用于前后句动词词形相同的复句中。通过与例12、例13进行比较可以看出，例14、例15的从句与例12、例13的从句分别一致，不同的只是主句动词的词形而已。这种情况下，例14、例15的从句事件的时制仍为"同时"。

当「とき」用于主从句动词都为「タ」形的复句中时，由于复句中两个事件都发生在同一时间区域，两者的发生时间都能以发话时为基准进行判断，似乎我们可以认为这个复句中的两个事件的时制分别为绝对时制。但是将例14、例15与例6比较可以看出，例6的从属节为连体节，例10、例11、例12中使用了「まえ、あと、とき」的从属节则是副词节。由于复句的构成类型有所不同，其从句所表示的时制会不会发生变化呢？笔者认为在通过动词词形来判断复句时制的同时，也有必要根据从句或从属节的形式来考虑复句的时制问题。

第5章 汉日两事件时制比较

此外,「とき」所表示的"从句时制—同时"的复句也可以是两个事件都具有时间幅度的,以动词的「テイル」或「テイタ」表示的复句。如:

例16 彼が歌っていた（[1]）ときに私が踊っていた（[2]）。

（图5-8:从句—同时）

他正在唱歌的时候,我跳舞来着。

例17 彼が歌っていた（[1]）ときに私が踊った（[2]）。

（图5-9:从句—同时）

他正在唱歌的时候,我跳了舞。

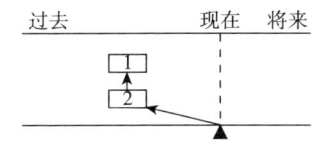

图5-8 例16的时制构造　　图5-9 例17的时制构造

例18 彼が歌っている（[1]）ときに私が踊っている（[2]）。

（图5-10:从句—同时）

他正在唱歌的时候,我正在跳舞。

例19 彼が歌っている（[1]）ときに私が踊る（[2]）。

（图5-11:从句—同时）

他正在唱歌的时候,我跳舞。

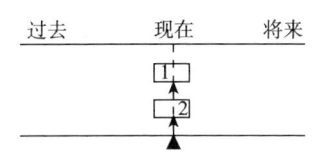

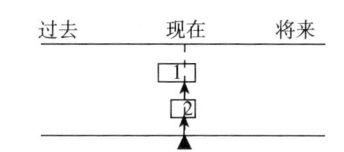

图5-10 例18的时制构造　　图5-11 例19的时制构造

如上所述,由于表示相对时间的词语「まえ」和「あと」可以明确地表示两个事件的前后顺序,并且修饰两者的动词词形总是以固定的形态出现,所以在使用了「まえ」或「あと」的复句中,相对时制比较容易判断。即「まえ」表示"后时"的相对时制,「あと」表示"先时"的相对时制。「とき」根据其词汇含义能够表示两个事件的同时性,即"同时"的相对时制。在「とき」前使用的动词不仅可以是「ル」形或「タ」形,而且也可以是表示持续的「テイル」形或「テイタ」形。需要注意的是,当「タ」与「テイタ」并存于一个句子或被同时使用时,可以认为「タ」表示"过去",「テイタ」表示"过去以前(大过去)"(寺村秀夫,1984:146),即「テイタ」事件发生于「タ」事件以前。

「とき」根据动词的形态变化,它可以表示时点与时点的"同时"、时间段与时间段的"同时"、时点与时间段在某一点上的"同时"。在用法及表达的时制内容上,「とき」与「まえ、あと」有着一定的区别。

2)「まで、から、あいだ」的功能

日语表示相对时间的词语中,还有直接表示时段的词语,如「まで(に)、から、あいだ(に)」。

例20　彼が歌うまで(に)私が踊る。　　　　　(从句—后时)
　　　 他唱歌以前,我跳舞。

例21　彼が歌うまで(に)私が踊った。　　　　(从句—后时)
　　　 他唱歌以前,我跳了舞。

例22　彼が歌うまで(に)私が踊っている。　　(从句—后时)
　　　 他唱歌以前,我正在跳舞。

例23　彼が歌ってから私が踊る。　　　　　　(从句—先时)
　　　 他唱歌以后,我跳舞。

例24　彼が歌ってから私が踊った。　　　　　(从句—先时)
　　　 他唱歌以后,我跳了舞。

例25　彼が歌ってから私が踊っている。　　　(从句—先时)
　　　 他唱歌以后,我正在跳舞。

例26　彼が歌う間(に)私が踊る。　　　　　　(从句—同时)

他唱歌的时候，我跳舞。

例 27　彼が歌っている間（に）私が踊る。　　　（从句—同时）

他正在唱歌的时候，我跳舞。

例 28　彼が歌っている間（に）私が踊っている。（从句—同时）

他正在唱歌的时候，我正在跳舞。

日语主句事件的时制是由动词的形态所决定，其动词的形态可以是「ル、タ、テイル、テイタ」的任何一种形式。虽然「まで（に）、から」的使用方法与「まえ、あと」有所不同（如，「～タあと」与「～てから」），但两者本身都具有能表示两个事件前后顺序的功能，即「まで（に）」表示从句事件发生于主句事件以后，「から」表示从句事件发生于主句事件以前。「あいだ（に）」所表示的是一个从句事件发生的时间段，根据主句动词的词形，主句事件既可以是在从句时段的某一个时点上发生的事件，也可以是从句事件时间段上持续发生的事件。

无论是「まえ、あと、とき」还是「まで、から、あいだ」，由于它们表示的时间都是一种相对的时间，都是以主句事件发生时间为基准来判断主从句事件关系的词语，所以这类词汇不能决定主句事件的时间性，而只能表示从句的相对时制。在这种只有表示相对时制的词汇的复句中，主句的时制即绝对时制主要是根据动词的词形变化来判断。

5.2.3　表示绝对时间的词语与两事件时制

除上述表示相对时间的词语以外，表示绝对时间的词语，或根据文脉可以判断其为表示绝对时间的词语也经常使用于复句中。

例 29　明日歌を歌う（1）人が明後日踊りを踊る（2）。

（图 5-12：从句—先时/将来）

明天唱歌的人后天跳舞。

例 30　明後日歌を歌う（1）人が明日踊りを踊る（2）。

（图 5-13：从句—后时/将来）

后天唱歌的人明天跳舞。

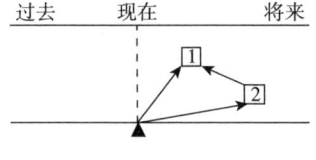

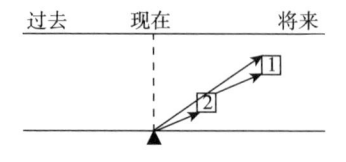

图 5-12　例 29 的时制构造　　　图 5-13　例 30 的时制构造

例 29 和例 30 的主从句动词均为「ル」形。例 29 的从句中使用了「明日」，主句中使用了「明後日」这样的时间词语。通过将「明日」和「明後日」进行在时间轴上的，与发话时间的比较，可以分析出从句事件发生在先、主句事件发生在后。因此，可以说例 29 从句事件的时制是先时，主句事件的时制是将来。同理，例 30 中从句事件的时制是以后，主句事件的时制是将来。由于使用了"今天、明年"或"曾经"等表示绝对时间的词语，从句事件与主句事件的时制才得以确认。当然，在例 29、例 30 这样的从句中也可以存在绝对时制。但是，无论是主从句动词是「ル」形或是「タ」形，亦或是「テイル」形的复句，如果复句中不使用表示时间的词语，就很难判断以下例 31 或例 32 中的从句事件时制。

例 31　（同例 4）歌を歌う人が踊りを踊る。

（从句—先时/后时）

唱歌的人跳舞。

例 32　歌を歌った人が踊りを踊った。

（从句—先时/后时）

唱了歌的人跳了舞。

例 33　昨日歌を歌った人が一昨日踊りを踊った。

（从句—后时/过去）

昨天唱了歌的人前天跳了舞。

例 34　明日歌を歌う人がいま踊りを踊っている。

（从句—后时/将来）

明天唱歌的人现在正在跳舞。

例 35　歌を歌っている人が踊りを踊っている。

（从句—同时/现在）

· 114 ·

唱着歌的人正在跳舞。

例36 歌を歌っていた人が踊りを踊っていた。

（从句—同时/过去）

那时，正在唱歌的人跳舞来着。

表示绝对时间的词语，不仅能够协助动词确定从句的相对时制，也可以确定从句的绝对时制。而这种时间信息也可以根据判断文脉得到。如例6「午後3時に殺害されたA子さんが午前8時頃、駅前で目撃された。」中就有这样的信息。

在例6这样的复句中不仅有绝对时制，也有相对时制，这是因为句中存在着「午後3時に」和「午前8時頃」这两个时间词语。如果单独观察这两个词语，很难判断出两者的先后顺序。但如果将这两个时间限定在同一天内（句中文脉含义如此）时，则可以判断出「午前8時頃」在先，「午後3時に」在后。

当以发话时间（现在）为基准分别观察从句事件与主句事件时，可以分别判断出两个事件是处于过去时间还是处于非过去时间，即"从句—绝对时制、主句—绝对时制"。这在例6中体现为"从句—过去、主句—过去"。但是，当以发话时间为基准观察例6主句事件，以例6主句事件发生时间为基准观察其从句事件时，就可以得出"从句时制—后时、主句时制—过去"的结论。而之所以能够以例6主句事件发生时间为基准观察其从句事件，是因为复句中使用了能够进行前后顺序比较的时间词语「午前8時頃」与「午後3時に」。

由此可见，在主从句动词词形相同时，也存在从句表示相对时制的可能性。决定复句时制的因素不仅有动词词形，也有表示绝对时间的词语。这种词语既可以是明确表示绝对时间的词语，也可以是通过文脉判断出来的，能够间接表示绝对时间的其他词语。相反，在复句中没有任何表示绝对时间的词语，并且主从句的动词词形一致时，应该认为复句中的从句时制有表示绝对时制和相对时制的两种可能性。而这种两重性的时制辨别则需要根据时间词语的使用、文脉或一般社会常识来进行。

对于「花子は東京に行ったが、太郎は大阪に行った。（花子去了东京，太郎去了大阪。）」这样的复句，一般认为其时制为"从句—过去、主句—过去"，即主从句事件均表示绝对时制。这是因为该复句是主从句并列关系的复句吗？在非并列关系的复句中，其时制又如何体现？下面根据从属节的形式观察复句类型与绝对、相对时制的关系。

5.2.4 从句形式与相对时制

日语的复句是由主句和从句构成。根据主句和从句的关系，可以将从句分为从属关系从句和并列关系从句。由于连用从属节不能从动词词形上判断时制，以下主要考察"补足从属节""副词从属节""连体从属节"和"并列从句"的相对时制。

1）补足从属节

补足从属节的类型主要有：疑问从句、引用从句、修饰形式名词的从句、修饰名词的从句。

例37　花子は太郎が何をしていたかを聞いた。　　（疑问从句）
　　　　　　　　　　　（动词词形：从句—先时/过去）
　　花子问了太郎（他那时）正在干什么来着。

例38　花子は太郎が何をしたかを聞いた。　　（疑问从句）
　　　　　　　　　（文脉或一般社会常识：从句—先时/过去）
　　花子问了太郎（他那时）干什么了。

例39　太郎は花子に「帰る」と言った。　　（引用从句）
　　　　　　　　　　　（动词词形：从句—后时）
　　太郎对花子说："我走了"。

例40　太郎は花子に「帰った」と言った。　　（引用从句）
　　　　　　　　　（文脉或一般社会常识：从句—后时/过去）
　　太郎对花子说："走了"。

例41　花子はホテルで起きたことを思い出した。
　　　　　　　　　　　　　　　　　　　（形式名词从句）
　　　　　　　　　　　　　　　（文脉：从句—先时/过去）

花子想起了在酒店发生的事情。

例 42　着物を着る人が出掛ける。　　　　　（名词从句）

（一般社会常识及动词词形：从句—先时/将来）

穿和服的人出门。

如例 37 至例 40 所示，当疑问从句或引用从句的补足从属节与主句构成复句时，从句事件与主句事件的前后关系可以根据动词词形或文脉或一般社会常识得到确认，所以这种复句在没有时间词语的情况下，复句的时制也比较容易判断。但是，当主从句动词的词形均为「ル」形或「タ」形，并且根据文脉或一般社会常识也无法判断从句时制时，即便使用动词词形或文脉等要素对两个事件的时间关系进行分析，也不能够得出一个准确的判断。这种情况下，有必要使用时间词语来协助确定从句或复句整体的时制。这样的从句大多都是例 41、例 42 所示的形式名词从句或名词从句。

2）副词从属节

根据副词的词义可以将副词从属节分为表现时间、原因或理由、目的、条件或让步、逆接、程度、既成事实、附带状况等多种形式。下面将分别根据副词从属节的形式来观察从句的时制。

例 43　家を出たとき、雨が降ってきた。

（时间）（从句—同时/过去）

出家门的时候，下起雨来了。

在复句中，虽然动词均为「タ」形，但是根据副词「とき」的含义及动作的顺序（一般社会常识）可以判断出两个事件的发生具有同时性。另外，由于从属节「家を出たとき」表示的是主句事件发生的时间，可以将从属节整体看作是例 43 中存在时间词语❶，所以能够比较清楚地判断出从句从属于主句，表示相对时制，并且这个相对时制是「とき」所表示的"同时"。

---

❶　「家を出たとき、雨が降ってきた。」的汉译句为："出家门的时候，下起雨来了。"在汉语中此句为单句，"出家门的时候"被认为是表示时间的词语。

例44　チケットが手に入ったから、コンサートを見に行った。

（原因）（从句—先时/过去）

我弄到了音乐会的门票，所以去看音乐会了。

例45　チケットが手に入るから、コンサートを見に行く。

（从句—先时/将来）

我能弄到音乐会的门票，所以去看音乐会。

例46　チケットが手に入っているから、コンサートを見に行っている。

（从句—同时/现在）（从句事件先发生）

我有音乐会的门票，正在看音乐会。

例47　チケットが手に入っていたから、コンサートを見に行っていた。

（从句—同时/过去）（从句事件先发生）

我弄到了音乐会的门票，所以我看音乐会来着。

副词「から」的使用意味着例44至例47为表示因果关系的复句。虽然复句中的从句动词与主句动词都可以是相同的形式，所表示的时间范畴属于同一领域，但由于"抛开时间关系的因果关系实际上是不存在的，并且在考虑时间关系时句子也会暗示出因果关系"（工藤真由美1995：252），所以复句的时制可以根据因果关系进行判断。正如汉语"前因后果"所释，表示原因的从句事件发生在先，表示结果的主句事件发生在后。无论日语的主、从句动词是「ル」形还是「タ」形，都可以遵循因果关系来判断复句的时间顺序关系。

除「から」以外，表示原因的词语还有「ので」等。尽管这些词语和「から」的使用方法有所不同，但其表示因果关系的功能不存在差异。所以当这些词语被用于复句中时，可以参考这些词语来判断从句的时制。

例48　会議に出るため、太郎は本社へ行く。

（理由）（从句—后时/将来）

为了参加会议，太郎去总公司。

例49　会議に出たため、太郎は遅くなった。

（理由）（从句—先时/过去）

因为去参加会议了，所以太郎迟到了。

表示理由的副词「ため」在用法和意思方面与表示原因的副词「から」基本相同。但是，当「ため」作为表示目的词语出现在复句中时，其用法及表达的时间则会发生变化。

例50　優勝するために、一生懸命頑張ります。

（目的）（从句—后时/将来）

为了获得冠军，拼命努力。

用「ために」表示目的时，动词只能以「ル」形用于「ために」之前。在这种表示目的达成的复句中，根据文脉或一般社会常识可以判断出："努力（「頑張ります」）的结果是目的「優勝する」的达成，即努力在先，目的达成在后。"因此，无论是将来时间复句还是过去时间复句，在以「ために」表示目的的从句中，相对时制均为"后时"。而当从句时制取绝对时制时，其时制为"将来"。

例51　太郎が行くと、花子も行く。

（条件）（从句—先时/将来）

太郎要去，花子就去。

例52　太郎が行けば、花子も行く。

（条件）（从句—先时/将来）

如果太郎去，花子也去。

例53　太郎が行ったら、花子も行く。

（条件）（从句—先时/将来）

如果太郎去，花子也去。

例54　太郎が行くなら、花子も行く。

（条件）（从句—先时/将来）

如果太郎去，花子也去。

日语中用动词表示条件的方法主要有以上 4 种形式。尽管这些条件从句的形式及发话者关注的焦点不同，但所表示内容均为主句事件成立的先决条件。换言之，只有在条件从句的事件成立以后，主句事件才能成立，两者之间既存在条件关系，也存在时间关系。如果从时间关系上考虑，由于复句中的条件关系强烈地表现出从句事件与主句事件的前后关系，因此可判断为从句表示的是相对时制"先时"。

同样，根据从句中所使用的连接词语及其表示的关系，在考虑动词词形或文脉、时间词语等要素后，对于表示逆接、程度等关系的复句可以作出以下判断：

例 55　わざわざ<u>買ってきてあげた</u>のに、<u>怒られてしまった</u>。
　　　　　　　　过去动作1　　　　　　　过去动作2
　　　　　　　　　　　　　　（逆接）（从句—先时/过去）

　　特意给你买来了，反而被你骂了一顿。

根据事件发生的前后关系可以判断出从句表示相对时制"先时"。由于两个事件都属于过去时间范畴，因此从句动词也可以表示绝对时制"过去"。

例 56　<u>仕事を頑張っている</u>のに、まだ苦しい<u>生活をしている</u>。
　　　　　　现在状态持续　　　　　　　　现在状态持续
　　　　　　　　　　　　　　（逆接）（从句—同时/现在）

　　一直在努力工作，生活却仍然很苦。

从句动词词形「テイル」表示相对时制"同时"和绝对时制"现在"。

例 57　<u>目玉が飛び出る</u>ほど<u>びっくりした</u>。
　　　　　相对将来动作　　　过去状态
　　　　　　　　　　　　　（程度）（从句—后时）

　　吓得我眼球都快蹦出来了。

从句动词词形「ル」表示相对时制"后时"。

例 58　<u>学校に入った</u>からには、絶対に真面目に<u>勉強する</u>。
　　　　　相对过去动作　　　　　　　　　　　　将来动作
　　　　　　　　　　　　　（既成事实）（从句—先时）

　　既然上了学，就绝对认真学习。

从句动词词形「タ」表示相对时制"先时"。

例 59　本を読みながら晩御飯を食べた。
　　　　　同时进行动作　　　　　过去动作

（附带状况）（从句—同时）

一边看书，一边吃了晚饭。

「読みながら」是由动词「読む」的连用形「読み」与表示附带状况的接续助词「ながら」构成。由于「ながら」与「～あいだに」一样，表示「ある動作をすると同時に、ほかのこともしている」(林四郎等，1997：749)，所以"动词连用形+ながら"表示的是相对时制"同时"的。并且「ながら」从属节所表示动作的时间始终是附属于主句动作的，与主句动作同时进行的时间，所以「ながら」从句也只能表示相对时制。

3）连体从属节

连体从属节是指动词连体形后接体言（名词）的形式，动词词形可以是「ル、タ、テイル、テイタ」中的任意一种。

例 60　パリに行く人がバッグを買う。

（从句—先时/后时、从句—将来）

去巴黎的人买包。

例 61　明日パリに行く人があさってバッグを買う。

（从句—先时/将来）

明天去巴黎的人后天买包。

例 62　明後日パリに行く人が明日バッグを買う。

（从句—后时/将来）

后天去巴黎的人明天买包。

例 63　パリに行った人がバッグを買った。

（从句—先时/后时、从句—过去）

去了巴黎的人买了包。

例 64　一昨日パリに行った人が昨日バッグを買った。

（从句—先时/过去）

前天去了巴黎的人昨天买了包。

例65　昨日パリに行った人がおとといバッグを買った。

（从句—先时/后时、从句—过去）

昨天去了巴黎的人前天买了包。

例66　図書館で借りた本を返した。

（从句—先时/过去）

还了在图书馆借的书。

例67　料理を作っている人はタバコを吸っている。

（从句—同时/现在）

做着饭的人正在抽烟。

例68　料理を作っていた人はタバコを吸っていた。

（从句—同时/过去）

那时做着饭的人抽烟来着。

例69　12時に料理を作っていた人は13時にタバコを吸っていた。

（不同时间的过去持续事件）（从句—先时/过去）

12点正在做饭的人13点抽烟来着。

例70　13時に料理を作っていた人は12時にタバコを吸っていた。

（不同时间的过去持续事件）（从句—后时/过去）

13点正在做饭的人12点抽烟来着。

当从属节为连体从属节，并且从句动词词形与主句动词词形相同时，从句除可以表示绝对时制以外，也可以表示"先时"或"后时"的相对时制。这是因为如例60、例63所示，主从句的动词词形一致，但句中不存在其他时间词语时，不能排除从句事件既可发生在先又可发生在后的可能性。而要想准确地辨明主句事件与从句事件的发生时间，就必须如例61、例62或例64、例65，分别在主从句中加入能够确定时间的词语。当然，如例66所示，根据一般社会常识或文脉能够判断出从句的相对时制时，也可以不使用时间词语。

「テイル」在单独使用时，表示现在时间。例67主从句中的动词均为「テイル」形，这说明主句事件与从句事件在现在时间重合，即在发话时间时两个事件都处于进行中的状态。这时，从句的时制可以是相对时制"同时",也可以是绝对时制"现在"。当句中的主从句动词均为「テイタ」形时,从句时制的形式则呈现为例68的"同时"或"过去",两个事件都属于过去时间区域。但是,当每个事件的发生时间都受时间词语限定时,从句时制的形式也可以呈现为例69的"先时"或"过去",例70的"后时"或"过去"。这是因为时间词语限定了事件发生的时间区域,并且日语的「テイル/テイタ」能够表示"结果记忆体"。这种现象在补足从属节的复句中也能够看到。

4) 并列从句

根据主句与从句的关系可分为逆接关系与顺接关系的并列句。在具有并列关系的复句中,由于从句与主句之间不存在修饰关系,即可以理解为主从句事件分别独立发生,所以根据动词词形可以判断出主从句各表绝对时制,如例71所示。但是,在复句中没有其他时间词语的情况下,主从句事件的时间关系却难以确认。

例71 太郎は英国へ行ったが、花子は中国へ行った。(逆接)

（从句—过去,从句—先时/后时）（主句—过去）

太郎去了英国,花子去了中国。

例72 太郎は一昨日（/先に）英国へ行ったが、花子は昨日（/後で）中国へ行った。

（从句—过去,从句—先时）（主句—过去）

太郎前天（/先）去了英国,花子昨天（/后）去了中国。

例73 太郎は昨日（/後で）英国へ行ったが、花子は一昨日（/先に）中国へ行った。

（从句—过去,从句—后时）（主句—过去）

太郎昨天（/后）去了英国,花子前天（/后）去了中国。

如果并列关系的复句中存在表示时间的词语时,从句的时制就会发生变化。如例72所示,虽然根据动词词形可以判断出从句时制为绝对时制"过去",但通过将时间词语「一昨日」与「昨日」进行比较可以看出从句事件发生于主句事件以前。也就是说,从句事件的时制既可以是绝对时制"过去",也可以是相对时制"先时"。当然,如例 73 所示,根据时间词语的不同,从句时制也可以是相对时制"后时"。尽管在例 71 中没有使用其他的时间词语,但是根据发话者与对方的语言环境(前后文、话题的共通性等),不能主观地排除其中具有例 72 和例 73 的可能性,所以对于例 71 这样的并列复句,应该认为其既存在"过去"的绝对时制,也存在"先时"或"后时"的相对时制。

上述观点不仅适用于表示主句事件发生在过去时间的逆接(或顺接)关系并列复句,也适合于表示主句事件发生在将来或现在时间的逆接(或顺接)关系并列复句,如例 74、例 75、例 76 所示。

例 74 太郎は英国に行くが、花子は中国へ行く。(逆接)

(从句—将来,从句—先时/后时)

太郎去英国,花子却去中国。

例 75 太郎は走っているが、花子は歩いている。(逆接)

(从句—现在,从句—同时)

太郎正在跑步,花子却在走着。

例 76 太郎は英国に行ったし、中国にも行った。(顺接)

(从句—过去,从句—先时/后时)

太郎去了英国,也去了中国。

综上所述,在日语的复句中,从句时制是受从属节或从句的形式及时间词语的存在与否影响的。当复句中的从句动词词形与主句动词词形相异时,无论从句时制是相对时制还是绝对时制,都可以根据动词的词形加以判断。当复句中的从句动词词形与主句动词词形相同时,根据从句本身或从属节的形态及语句的含义,其时制的判断标准会发生一定的变化。

在实际使用的话语中,有些复句只存在相同形式的两个动词,没有其他的表时语,如包含补足节修饰名词或连体修饰节的复句。对于这种复句来说,虽然不能排除从句表示相对时制的可能性,但从复句的构成上可以解释为发话者的关注点在于表明事件的时间区域,而不在于两个事件的前后关系。两个事件的前后关系是由句中未被直接表达出来的内含意义或其他时间要素表现的,而这种表现两事件时间关系的运用方式在副词从属节中体现得更加明显。在有意强调两个事件的前后关系时,从句也主要是通过与「まえ(に)、とき(に)」等表示时间先后顺序的词语构成副词从属节来完成相对时制的表示。在分析由两个并列从句所构成的复句时制关系时,也可以如此理解。但是,由于两个从句事件之间存在的是同等位置关系,与表示相对时制的功能相比,并列关系复句中的从句更偏向于表示绝对时制。

5.3　汉语两事件句时制

日语中包括补足从属节、连体从属节、副词从属节的句子都是复句,而与这些日语复句对应的汉语句基本上都是单句。汉语的复句是由两个或两个以上在意义上有联系的单句组成的。组成复句的各个单句是这个复句的分句,分句与分句之间有一定的语音停顿,复句的各个分句彼此分离,互不包容,即一个分句不是另一个分句的组成成分。(刘月华等,2001:19)

根据分句与分句之间的语法关系,汉语复句可分成联合复句与偏正复句,联合复句可分为并列、承接、递进、选择关系的复句;偏正复句可分为因果、转折、条件、假设、让步、取舍、目的、时间、连锁关系的复句(刘月华等,2001:863-878)。由于汉日语的复句在概念和分类上不同,在此,我们将考察对象定为包括单句和各种复句的两事件句,采用"前句"(1)与"后句"(2)的称呼对谓语表达的前后事件进行时制考察。

5.3.1　后句为绝对时制"将来"

例77　学过日语(1)的同学去日本(2)。

(图5-14:前句—先时/过去)

例78　我学好了日语(1)就去日本(2)。

(图5-15:前句—先时)

图 5-14　例 77 的时制构造　　　图 5-15　例 78 的时制构造

例 77 中 1 的标记是"过", 2 的标记是"零"。"过"表示前句事件已经发生,即"过"表示前句绝对时制为"过去"。将"过"与"零"比较后可以判断出过去事件先于将来事件,即"过"也表示前句相对时制为"先时"。

例 78 中发话人叙述都属于将来的两个事件, 1 中的"了"表示的并不是绝对的过去时间,而是以 2 的发生时间为参照点的相对过去时间,即"先时"。戴浩一(1988:10)提出了一个汉语时间顺序原则,认为两个句法单位的相对次序决定于它们所表示的概念领域里的状态的时间顺序,并指出:当两个汉语句子由时间连接词(如"再"、"就"、"才")连结起来时,第一个句子中事件发生的时间总是在第二个句子之前。例 78 前后句事件的时间关系符合这个时间顺序原则,并且前句的"了"也不表示动作完成于"过去"。

例 79　明天,穿着和服(1)的服务员接待日本宾客(2)。

（图 5-16：前句—同时）

例 80　我觉得(1)明天肯定下雨(2)。

（图 5-17：后句—后时）

明日きっと雨が降る(1)と思う(2)。

图 5-16　例 79 的时制构造　　　图 5-17　例 80 的时制构造

· 126 ·

第 5 章　汉日两事件时制比较

当单句例 79 中的两个事件都被"明天"限定发生在将来的时候，前句中的"着"表示的是在"接待日本宾客"时的状态，具有同时性，不表示现在的状态。从事件的发生过程上看，例 79 中的 1 要比 2 的时间幅度长一些。

例 80 清晰地反映出了汉语 SVO 语序和日语 SOV 语序的特征。在日语中，1 是从句，2 是主句，从句的参照点是主句的发生时间，主句的参照点是绝对时间"现在"，所以从句时制是相对时制，主句时制是绝对时制。例 80 的汉语句正好相反，2 是后句，是前句 1 的宾语，后句的参照点是前句的发生时间，前句的参照点才是绝对时间"现在"，所以相对时制在于后句，是由"零"表示的"后时"。当然，以现在时间为参照点观察前后句事件，也能推断出事件的先后顺序。1 中的"静态动词+零"（觉得）表示现在，2 中的"明天"及"动态动词+零"（下雨）表示事件发生于将来，2 发生在 1 之后。

在判断相对时制时，需要在确认清楚各事件的参照点的基础上进行判断。

例 81　她不仅唱了歌（1），而且还（要）跳舞（2）。

（递进复句）（图 5-18：前句—先时/过去）

例 82　她不仅唱歌（1），而且还（要）跳舞（2）。

（递进复句）（图 5-19：前句—先时/将来）

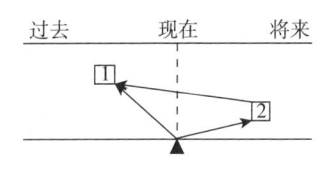

图 5-18　例 81 的时制构造　　**图 5-19　例 82 的时制构造**

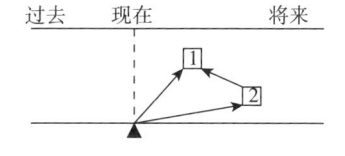

例 81 前句中的"了"表示动作已经完成于过去，后句中的"零"（和"要"）表示事件属于将来时间。如果以现在时间为参照点来观察两个事件，则前句时制为绝对时制"过去"，后句时制为绝对

127

时制"将来"(图 5 - 18)。如果以后句事件的发生时间为参照点观察前句事件，前句时制就是相对时制"先时"。在例 82 中，前后句的动态助词都是"零"，可以判断出两事件的绝对时制都是"将来"。时间顺序就是一种逻辑顺序，它往往会映射到语法结构的成分排列次序上，汉语的句法语序、语义语序也常常顺应着时间顺序原则（范晓，2001b：23）。因此，按照语法成分的排列顺序，可以认为前句的事件发生在先，其相对时制是"先时"。

例 83 倘若你们背叛了主人（1），他是会无情地惩罚你们的（2）。

(假设复句)（图 5 - 15：前句—先时）

例 84 只要你给他写一封信（1），他就会帮助你（2）。

(条件复句)（图 5 - 15：前句—先时/将来）

例 85 谁为人民服务（1），我就向谁学习（2）。

(连锁复句)（图 5 - 15：前句—先时/将来）

表示假设或条件的前句都是后句动作发生的前提，前句事件与后句事件之间本身就存在着顺序关系。例 83 前句的"了"表示"先时"，但不表示"过去"，例 84 和例 85 的前句则是根据复句中的前后句关系判断出前句的时制为"先时"。实际上，即使例 83 的前句中不使用"了"，也可以同例 84 一样推断出前句时制为"先时"。当两事件句为假设、条件或连锁复句时，日语和汉语在相对时制表达方式上一致，都可以依据两事件本身的先后关系和时制标记一起来判断相对时制。

例 86 即使他正在观众面前唱着歌呢（1），我们也要逮捕他（2）。

(让步复句)（图 5 - 20：前句—同时）

例 87 你们坐飞机（1），还是坐火车（2）？

(选择复句)（图 5 - 21：前句—将来）

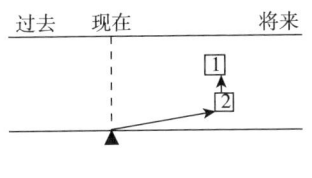

第 5 章　汉日两事件时制比较

图 5-20　例 86 的时制构造 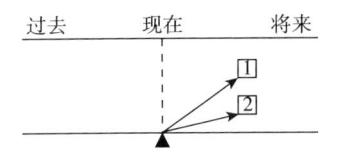　　　图 5-21　例 87 的时制构造

上述两个复句内的事件都发生于将来。例 86 的后句时制由"零"表示为"将来",前句的"正在"与"着"表示"逮捕他"时的动作进行局面,是以后句事件发生时间为参照点得出的相对时制"同时",不是绝对时制"现在"。例 87 是选择复句,两个事件之间无先后关系,前后句均为"零"表示的绝对时制"将来"。

5.3.2　后句为绝对时制"现在"

例 88　穿着和服（1）的服务员正在接待宾客（2）。

　　　　（单句）（图 5-22/图 5-23：前句—同时/现在）

例 89　欢迎的群众一边唱歌（1）,一边跳舞（2）。

　　　　（并列复句）（图 5-22/图 5-23：前句—同时/现在）

例 90　他一边弹着热瓦普（1）,一边唱着新疆歌曲（2）。

　　　　（并列复句）（图 5-22/图 5-23：前句—同时/现在）

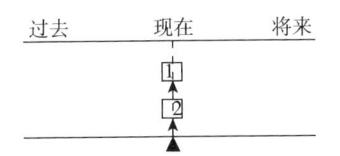

图 5-22　例 88 的时制构造（1） 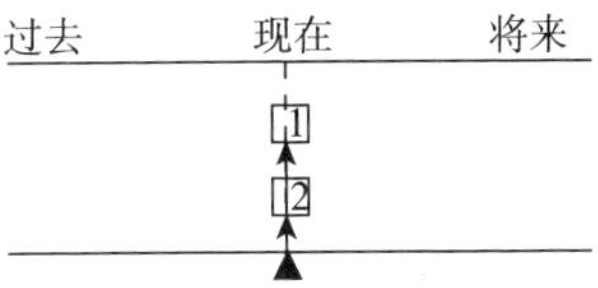　　图 5-23　例 88 的时制构造（2）

例 88 是单句,"穿着和服"是修饰主语"服务员"的定语。如果以后句事件的发生时间为参照点进行观察,前句时制是由"着"表示的"同时";如果以现在时间为参照点进行观察,"着"也表示"现在"的状态。因此,例 88 的前句时制既可以是相对时制"同时",也可以是绝对时制"现在"。

· 129 ·

例 89 与例 90 都是并列复句，例 89 没有用"着"，例 90 的前后句中都用了"着"。并列复句的关联词语"一边……一边……"表示前后句的同时性，所以前句时制可以是相对时制"同时"。此外，由于前后句表示的是两个互无关系的并列事件，也能够以现在时间为参照点分别观察两个事件，这时就可以通过"着"或语言环境（也可以认为是省略了"着"）判断出两事件的时制是绝对时制"现在"。

例 91　喝了酒（1）的那个人正在开车（2）。

（单句）（图 5-24：前句—先时/过去）

例 92　孩子们虽然失去了父母（1），但是更多的父母、叔叔、阿姨在关心着他们（2）。

（转折复句）（图 5-24：前句—先时/过去）

例 93　明天参加高考（1）的学生居然还在玩游戏（2）。

（单句）（图 5-25：前句—后时/将来）

例 94　为了缓解交通拥挤的状况（1），我市正在进行道路拓宽（2）。

（目的复句）（图 5-25：前句—后时/将来）

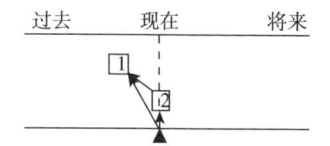

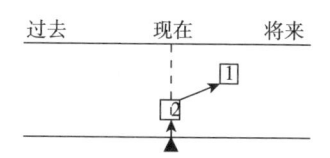

图 5-24　例 91、例 92 的时制构造　　图 5-25　例 93、例 94 的时制构造

例 91 是单句，例 92 是转折复句。尽管句子的类型不同，但由于两个前后句事件都具有时间关联性，可以认为前句时制是由"了"表示的相对时制"先时"。同时，两个前句的参照时间都可以是现在时间，所以它们的前句时制还可以是"了"表示的绝对时制"过去"。

例 93 是单句，以后句事件的发生时间为参照点，根据前句中的时间名词"明天"和"零"与后句时间副词"在"的时间性比较，可以判断前句事件发生在后，时制是相对时制"后时"。如果以现在时间为参照点，则前句事件的时制也可以是绝对时制"将来"。例94是目的复句，前句事件是后句事件的目的。从事件发生的逻辑关系及前句"零"与后句"正在"的比较都可以判断出前句时制是"后时"。同理，以现在时间为参照点时，前句的时制也可以是绝对时制"将来"。

5.3.3 后句为绝对时制"过去"

例95 穿<u>着</u>和服（1）的服务员接待<u>了</u>日本宾客（2）。

（单句）（图5-26：前句—同时）

例96 因为<u>有</u>考试（1），所以同学们都来<u>了</u>（2）。

（因果复句）（图5-27：前句—后时/将来）

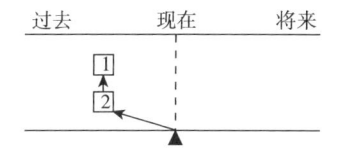

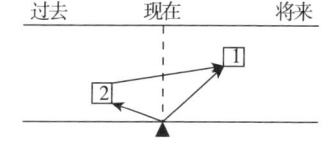

图5-26 例95的时制构造　　**图5-27** 例96的时制构造

例95前句事件的参照时间是后句事件发生时间，例96前句事件的参照时间则既可以是后句事件发生时间，也可以是现在时间。因此例95的"着"表示"同时"，例96的"静态动词+零"（有）表示"后时"和"将来"。

例97 因为她病<u>了</u>（1），所以我就来<u>了</u>（2）。

（因果复句）（图5-28：前句—先时/过去）

例98 某某大使首先讲<u>了</u>话（1），然后中国外交部长也讲<u>了</u>话（2）。

（承接复句）（图5-28：前句—先时/过去）

例99 走<u>了</u>没有二十里地（1），天气就变<u>了</u>（2）。

（时间复句）（图 5-28：前句—先时/过去）

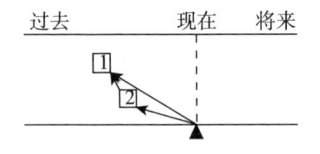

图 5-28 例 97 至例 99 的时制构造

例 97 至例 99 分别是表示因果关系、承接关系、时间关系的复句，都可以表示出前后事件的时间关系，所以它们的前句时制都可以是由"了"表示的"先时"。同时，由于前后事件分别是两个不同的主语所进行的事件，前句时制也可以是绝对时制"过去"。

综上所述，可以认为汉语有三种相对时制，它们分别是"了"和"过"表示的"先时"，"着"和"正在"表示的"同时"，"零"表示的"后时"。汉语有很多复句从前后句关系上也能体现出时间关系，如假设复句、因果复句、条件复句、递进复句、承接复句、连锁复句等。但是，这些复句中体现出的时间关系并不能单独决定时制，它们的作用在于协助时制标记来共同判断时制的类型。特别是在前后句时制标记相同的时候，参考复句的类型能够做到更加准确地判断相对时制。此外，两事件句中的一些前句也可以表示绝对时制。判断前句事件是否表示绝对时制的依据在于前句的参照时间是否可以是发话时现在时间。如果参照时间既可以是后句事件发生时间，也可以是发话时现在时间，则前句时制既可以是相对时制也可以是绝对时制。如果参照时间只能是其中的一个，那么前句时制也只能是相对时制或绝对时制中的一种形式。

5.3.4 时间词语的作用

1）表示绝对时间的词语

表示绝对时间的词语主要是一部分时间名词和时间副词。时间名词包括：明天、将来、今天、现在、昨天、过去等，时间副词包括：

终将、必将、至今、曾经、业已等。

例 100 明天，她下了班（1），再去跳舞（2）。

（前句—先时）

例 101 1小时前我修车来着（1），现在正歇着呢（2）。

（前句—先时/过去）

例 102 我前些天去海南了（1），昨天刚回来的（2）。

（前句—先时/过去）

例 103 只要你每天坚持听1个小时的日语新闻（1），听力就必将有所提高（2）。

（前句—先时/将来）

例 104 昨晚下了一场雨夹雪（1），现在的高速路上冻着一层冰（2）。

（前句—先时/过去）

例 105 他曾经学过英语（1），后来改学日语了（2）。

（前句—先时/过去）

表示绝对时间的时间词语，可以同例100一样限制两事件的时间区域，也可以同例101一样分别限制两事件的各个时间区域。如以上例句所示，时间词语的作用是限定事件发生时间的范围，时间词语不是时制标记，也不能代替时制标记。

2）表示相对时间的词语

表示相对时间的词语也主要是一部分时间名词（句）和时间副词。时间名词（句）包括：最近、在……之后（以后）、在……的时候、在……之前（以前）等。时间副词包括：将要、就要、正在、已经、早就、刚刚、事先、然后、时常、有时、同时等。

例 106 在她唱（完/了/完了）歌（1）以后，我们跳舞（2）。

（前句—先时）

例 107　在她唱（着）歌（1）的时候，我们跳舞（2）。

（前句—同时）

例 108　在她唱歌（1）以前，我们（先）跳个舞（2）。

（前句—后时）

例 109　在她唱（了）（1）歌以后，我们跳了舞（2）。

（前句—先时）

例 110　在她唱歌（1）的时候，我们跳舞来着（2）。

（前句—同时）

例 111　在她唱歌（1）以前，我们跳了舞（2）。

（前句—后时）

例 112　在我就要出门（1）的时候，电话响了（2）。

（前句—同时）

例 113　他先打了个预约电话（1），然后去了医院（2）。

（前句—先时/过去）

例 114　列车即将进站（1），旅客们正忙着收拾行李（2）。

（前句—后时/将来）

例 115　我正在写报告（1），马上就要写完了（2）。

（前句—先时/现在）

表示相对时间的词语无法限定时间区域，只能表示事件的先后顺序或远近。当句中存在相对词语时，有时会省略动态助词的使用，如例 107、例 110 等。这主要是因为：（1）句中的时间词能够限定全部事件的发生时间；（2）只要能够确定一个事件的发生时间，另一个事件的发生时间就被锁定。当然，两事件句及复句中有可能同时使用各种表时要素，有必要结合各种要素的功能综合地判断时制的类型。时间词语最主要的作用在于协助动态助词决定时间区域和时制。特别是无法用动态助词判断出绝对时制或相对时制时，时间词语可以对动态助词表示的时间意义加以补充说明，从而达到正确判断时制类型的目的。

5.4　结语

　　日语与汉语都是拥有"绝对三时制"和"相对三时制"的语言。

　　日语复句中的时制主要体现在从句表示何种时制上。根据动词词形或时间词语等表时要素的使用状况进行判断，从句既可以表示绝对时制"将来"、"现在"或"过去"，也可以表示相对时制"后时"、"同时"或"先时"。

　　当主从句的动词词形不一致时，应该先考虑从句表示何种相对时制，后考虑从句表示何种绝对时制。这不仅是因为「タ」表示过去时间、「ル」表示非过去时间，也因为从句动词所表时间大多是以主句动词所表时间为基准、表示相对时间的特征较为明显。当然，在主从句中分别使用了表示绝对时间的词语时，由于时间词语已经锁定了各个事件的时间区域，所以也可以先考虑绝对时制后考虑相对时制。与此相反，当主从句的动词词形一致时，则应该先考虑从句表示何种绝对时制，后考虑从句表示何种相对时制。这是因为主从句的时间都是以发话时间为判断基准，从句事件与主句事件的时间关系是以动词以外的文脉、一般社会常识或时间词语所标出的内涵意义作为判断基准。

　　从日语复句的类型来看，无论主从句动词的词形一致与否，当从句是补足从属节、连体从属节或副词从属节的其中一种时，由于其从属于复句的性质被明确地表现出来，所以在观察含有补足从属节、连体从属节或副词从属节的复句时，对从句的时制也应该以先相对时制后绝对时制的顺序加以分析。反之，在由并列从句构成的复句中，由于句子和句子之间不存在从属关系，对从句的时制就需要以先绝对时制后相对时制的顺序加以分析。

汉语也有相对时制的标记，它们是动态助词"零、着、了、过、来着"和时间副词"正在"。"了"、"过"和"来着"表示"先时"，"着"和"正在"表示"同时"，"零"表示"后时"。当这些标记与时间词语并用或其他表时要素能够表示出事件的发生时间时，前句中经常会有省略时制标记的现象，这种现象符合语言的经济原则，也反映出了汉语时制标记在使用上的非义务性。

原则上，汉语两事件句中的后句时制是绝对时制，前句时制则既可以是绝对时制，也可以是相对时制。前后句时制标记不同时，可以结合时间词的意义根据时制标记来判定相对时制。前后句时制标记相同时，原则上应考虑既有相对时制也有绝对时制，需要结合单句或复句的类型及时间词、时制标记的使用状况进行综合判断。

汉语的两事件句既包括单句，也包括各种关系的复句。单句的两个事件，由于前句从属于后句的性质较强，前句的时制往往是相对时制，但也不排除能表示绝对时制。复句中的一些前句（如并列复句中的前句）也可以表示绝对时制。判断两事件句中的前句事件是否表示绝对时制，最主要的依据就是前句的参照时间。如果参照时间既可以是后句事件发生时间，也可以是发话时现在时间，则前句时制既可以是相对时制，也可以是绝对时制。如果参照时间只能是其中的一个，那么前句时制也只能是相对时制或绝对时制中的一种形式。汉语的复句根据其类型的不同，有些也能够从某种程度上表示出前后事件的时间关系。但复句类型或关联词语并不起决定性作用，它们的功能在于协助时制标记来共同判断时制。在前后句时制标记相同的时候，参考复句的类型能够对准确地判断相对时制起到积极作用。

第6章　汉日多事件时制比较[1]

汉语的时制主要是由动态助词及动态助词与时间词等的搭配形式表示，日语的时制主要由动词的词形变化表示。当句中有一个或两个事件的时候，可以如此考虑。但是，当句中有三个或三个以上事件时，不仅要考虑时制标记和时间词的作用，还要考虑事件之间的各种关系、句子是否为多重复句等多种表时因素的作用。下面分别根据多事件最后句的不同时制、使用图形表示法详细考察汉语和日语多事件句中的时制关系。

6.1　最后句为"将来"时

6.1.1　汉语多事件时制关系

1）动态助词的作用

例1　（李先生向她求婚，她提出许多条件，第十八条就是蜜月旅行到日本。）一到（①）日本，她进（②）医院修改（③）眼皮，附带把左颊的酒靥加深（④）。（她知道施了手术，要两星期见不得人，怕李先生耐不住蜜月期间的孤寂，……）（钱钟书《猫》）

根据前后文及动态助词"零"的使用，可以断定①—④的所有事

---

[1]　所谓多事件是指一个句子中包含的三个及三个以上的、由谓语表达的事件。

· 137 ·

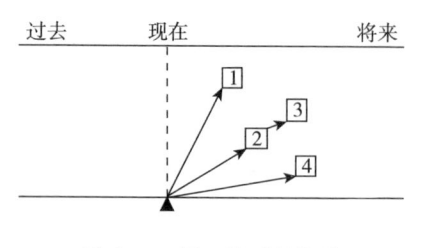

图 6-1 例 1 的时制构造

件都发生于将来。③是②的目的，时间顺序上②先行，③后续，②和③属于同一个句子，③的时制是"后时"。因此，全句事件的时制是"①—将来、②—将来、③—后时、④—将来"（图 6-1）。

例 2 你到那女人家登门拜访（①）一次，人放乖（②）一点，话挑（③）好听的说（④）。（方方《白雾》）

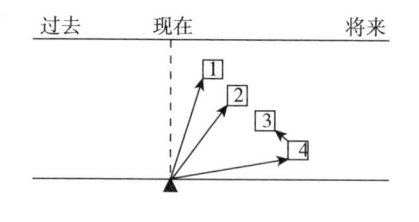

图 6-2 例 2 的时制构造

复句中没有限制时间的时间词语，动态助词分别表示各个句子的时制。①、②、④分别是独立的句子，③从属于④并以④为参照时间。全句事件的时制是"①—将来、②—将来、③—先时、④—将来"（图 6-2）。

2）时间词的作用

例 3 它在你心上敲打着（①），搏击着（②），它震撼着（③）你的灵魂，那个热情的主题，要证实（④）自身的价值。
（高行健《有只鸽子》）

这个句子中并没有限制时间区域的时间名词，但④中有可以表示

第6章 汉日多事件时制比较

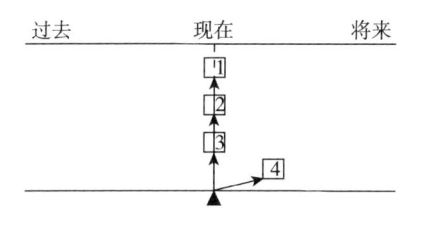

图 6-3 例 3 的时制构造

将来的时间副词"要"。在①、②、③中不存在表示时间的词语，动态助词"着"分别用于各分句中，可以认为①、②、③都是以发话时现在为参照时间，都是由"着"表示的"现在"。根据④的时间副词"要"和动态助词"零"，可以判定④属于将来。全句事件的时制是"①—现在、②—现在、③—现在、④—将来"（图6-3）。

例 4 那好吧，我先请你吃（①）西餐，然后去（②）我那儿，我新装了（③）桑拿设备，咱们好好舒服舒服（④）。（张欣《爱又如何》）

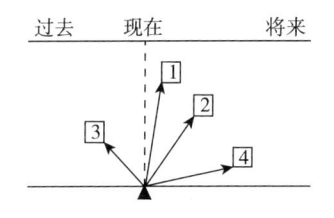

图 6-4 例 4 的时制构造（1） **图 6-5 例 4 的时制构造（2）**

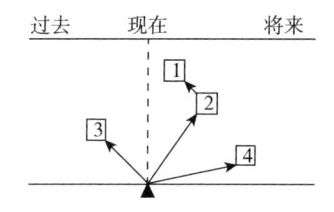

①中有时间副词"先"和动态助词"零"，②中有时间副词"然后"和动态助词"零"。时间副词表示出①和②的先后关系，两事件时制既可以是以现在时间为参照点的绝对时制，也可以理解为①以②为参照时间，①是相对时制"先时"。③的时制是由"了"表示的"过去"，④的时制是由"零"表示的"将来"。因此，全句事件的时制是"①—将来、②—将来、③—过去、④—将来"

·139·

汉日时制构造的比较研究

（图6-4）或者"①—先时、②—将来、③—过去、④—将来"（图6-5）。

例5 他昨天参加了（①）足球赛，现在正打着（②）篮球赛，明天还要出场参加（③）排球比赛。

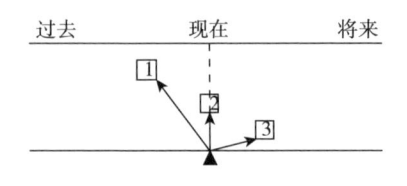

图6-6 例5的时制构造

①中有时间名词"昨天"和"了"，②中有时间名词"现在"和"正""着"，③中有时间名词"明天"和时间副词"要"。①、②、③中不仅有时制标记，还有限制各个事件的时间名词。所以，全句事件的时制是"①—过去、②—现在、③—将来"。（图6-6）

6.1.2 日语多事件时制关系

例6 己は「松浅」で別れた（①）時にあの男の住所を控えて置いた（②）筈だ（③）から、明日にも早速手紙を出す（④）かな。（谷崎潤一郎『痴人の愛』）

我与那个男的在"松浅"分手的时候要了他的住址，明天早上我就给他写封信。

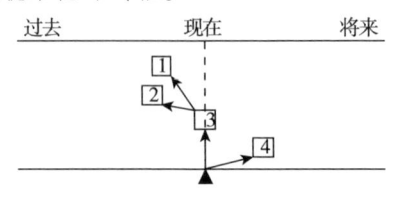

图6-7 例6的时制构造

· 140 ·

句中有表示相对时间的「時に」和表示绝对时间的「明日」。1和2是从句，都是以3为参照时间，并且动词是「タ」形，可以认为表示的是相对时制"先时"。但由于使用了「時に」，所以如图6-7所示，1和2具有同时性但并不同时完成。3是用动词原形「だ」来解释现状，表示的是绝对时制"现在"。4中的时间名词将事件限定在将来，「ル」也表示绝对时制"将来"。全句的时制是"1—先时、2—先时、3—现在、4—将来"。

例7 「おれは頭がいい」と思っている（1）人は、その自信がパワーの原動力になる（2）ことは確かにあります（3）が、自分が見えていない（4）危険性もある（5）し、そのために新たなことを学ぶ（6）必要はない（7）、あるいは人に聞こう（9）としない（9）というのなら（10）、これはむしろ頭の悪さにつながります（11）。（和田秀樹『勉強のできる人　できない人』）

有的人认为"自己头脑聪明"。这种自信确实在有些时候能够成为动力的源泉，但也有看不清自己的危险性。因此，如果认为没有必要学习新的知识，或是根本不想听取别人的意见，那么这种行为反而会导致头脑变得愚蠢。

例7是多重复句。考虑这样复杂的复句时制，首先要将多重复句分割为几个独立的句子，在明确各个独立句的内部时间关系之后加以合并，才能够比较清晰地观察到各个事件的时间关系。

可以将例7分为以下的几个独立的句子。（为区别现在时间的绝对时制和相对时制，图6-8中用粗框表示绝对时制的事件。）

第1句：「おれは頭がいい…ありますが」，包括1、2、3。

因为1是从句，动词「テイル」形表示相对时制"同时"。同样

· 141 ·

汉日时制构造的比较研究

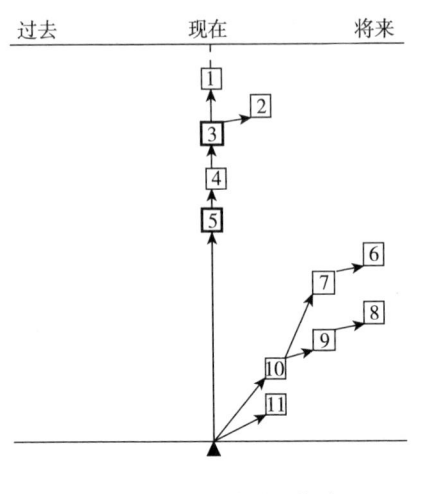

图 6-8　例 7 的时制构造

作为从句，②的动词「ル」形表示相对时制"后时"。③中有表示现在的「あります」（「ル」形），其时制是绝对时制"现在"。第 1 句的时制是"①—同时、②—后时、③—现在"。

第 2 句：「自分が…あるし」，包括④、⑤。

从句④表示否定意义的"同时"，⑤表示现在存在。第 2 句的时制是"④—同时、⑤—现在"。

第 3 句：「そのため…のなら」，包括⑥、⑦、⑧、⑨、⑩。

⑥和⑧分别是⑦和⑨的从句，而这 4 个句子又分别是⑩的从句，根据动词的词形来分析，⑥、⑦、⑧、⑨的时制都是相对时制"后时"。但由于⑥和⑧分别以⑦和⑨的时间为参照点，所以有必要如图 6-8 中表示出相对时制。⑩的动词是「いう」（「ル」形），并由只能用于将来的「なら」所接续，由此可以判断出它的时制是绝对时制"将来"。

第 4 句：「これは…つながります」，包括⑪。

⑪中只有动词的「ル」形，可以认定其时制是绝对时制"将

来"。

将上述 4 个句子的时制合并后,可以得出这个多重复句的时制是"1—同时、2—后时、3—现在、4—同时、5—现在、6—后时、7—后时、8—后时、9—后时、10—将来、11—将来"(图 6-8)。

6.2 最后句为"现在"时

6.2.1 汉语多事件时制关系

1) 动态助词的作用

例 8a 她紧紧拉着(1)坐在身边的妹妹,看着(2)她那已晒成深红色的脸蛋,用手疼爱地在她脸上抚摸着(3)。(冯德英《迎春花》)

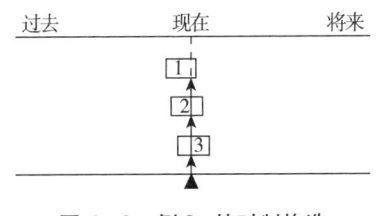

图 6-9 例 8a 的时制构造

在例 8a 中,可以把"坐在身边的妹妹"和"她那已晒成深红色的脸蛋"分别看作各句中宾语。这样一来,就可以认为例 8a 中有 3 个事件。

1、2、3 中都使用了动态助词"着",没有其他表时要素,可认为例 8a 的时制是分别由"着"表示的"1—现在、2—现在、3—现在"。从事件的发生顺序上考虑,1、2、3 之有一个前后关系,这个关系如图 6-9 所示。

此外，也可以把句子展开，分别考虑各个事件的时制。

例 8b 她紧紧拉着（①）坐在（②）身边的妹妹，看着（③）她那已晒成（④）深红色的脸蛋，用手疼爱地在她脸上抚摸着（⑤）。

①、③、⑤的时制都是绝对时制"现在"，但是分别包含在宾语中的②和④也可以把现在时间作为参照时间。②中的"在"表示"现在"的状态，④中使用了时间副词"已"和表示完成意义的"成"，并可以认为是省略了"了"，所以④表达的是动作完成后残留的状态。

如图 6-10 所示：

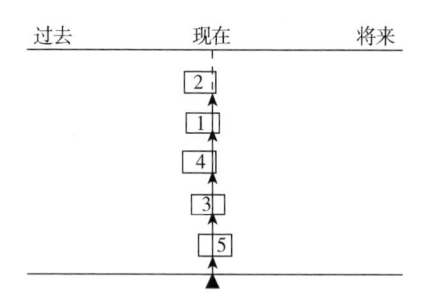

图 6-10 例 8b 的时制构造

例 8b 的时制是"①—现在、②—现在、③—现在、④—现在、⑤—现在"。

例 9 他很老练地敲出（①）一支，舔了（②）一头儿，倒过来叼着（③）。（阿城《棋王》）

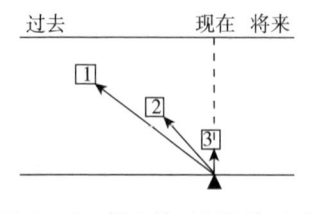

图 6-11 例 9 的时制构造（1）　　**图 6-12 例 9 的时制构造（2）**

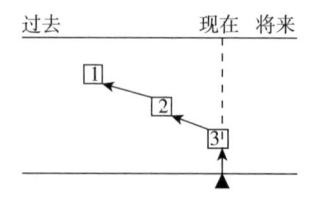

句中的 1 表面上看似乎时制标记是"零",但在观察 2 以后可以从两个动作的时间顺序上判断出 1 是发生在 2 以前的动作。也就是说, 1 也是发生在过去的动作,可以理解为省略了动态助词"了"。2 中的"了"表示动作发生于过去, 3 的"着"表示"现在"时间。由此可以推断,全句的时制是" 1 —过去、 2 —过去、 3 —现在"(图 6 – 11)。

但是,也可以根据事件的发生顺序和动态助词的使用观察出三个事件的前后关系。 1 以 2 为参照时间, 2 又以 3 为参照时间,所以全句的时制还可以是" 1 —先时、 2 —先时、 3 —现在"(图 6 – 12)。

2) 时间词的作用

例 10　那个女人<u>曾经是</u>（ 1 ）她们百货公司的营业员,<u>现在在</u>深圳一家房地产公司专门<u>干</u>（ 2 ）售楼的行当,名片上印着（ 3 ）"公关部主任"的头衔。(何顿《只要你过的比我好》)

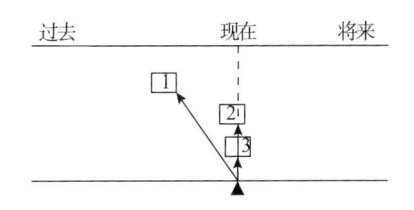

图 6 – 13　例 10 的时制构造

1 的动词是静态动词"是",句中存在表示过去绝对时间的副词"曾经",可以认定 1 是过去事件。 2 中有时间名词"现在",可以认为省略了动态助词"着",时制是"现在"。 3 中无时间词,有动态助词"着",表示的是"现在"状态。全句的时制是" 1 —过去、 2 —现在、 3 —现在"(图 6 – 13)。

例11　他在自己的窑洞里，眉头子挽结着（1）一颗疙瘩，来回在脚地上走着（2），心里在抱怨（3）他哥和两个侄子愚蠢透顶。(路遥《平凡的世界》)

图 6-14　例 11 的时制构造（1）　　图 6-15　例 11 的时制构造（2）

1与2中都有"着"，3中使用了"在"，三个事件都可以将3的时间作为参照时间，全句的时制可以是"1—现在、2—现在、3—现在"（图 6-14）。此外，1与2中的"着"还能表示与3的同时性，所以全句时制也可以是"1—同时、2—同时、3—现在"（图 6-15）。

例12a　她总是（1）提心吊胆，怕（2）他突然摘下假面具，对她做冷不防的袭击，然而一天又一天的过去了（3），他维持着（4）他的君子风度。(张爱玲《倾城之恋》)

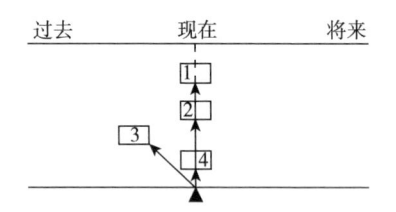

图 6-16　例 12a 的时制构造

句中并没有时间名词，1中的"总是"限定了1和2的时间领域为"现在"。3中的逆接词"然而"表明1和2与3无关，3的"了"和4的"着"分别以发话时现在为参照时间。因此，例12a的时制是"1—现在、2—现在、3—过去、4—现在"（图6-16）。

但是，如果把2拆解，将"摘下假面具"与"做冷不防的袭击"也作为事件考虑时，也可以将句子的时制解释如下。

例12b　她总是（1）提心吊胆，怕（2）他突然摘下（3）假面具，对她做（4）冷不防的袭击，然而一天又一天的过去了（5），他维持着（6）他的君子风度。

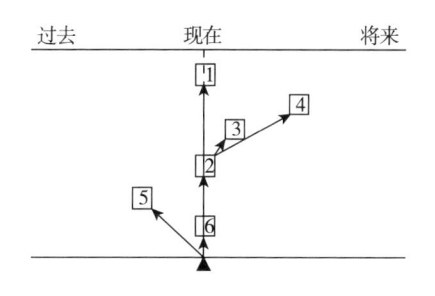

图6-17　例12b的时制构造

拆解后的例12b中增加了3和4。这两个句子原本是2的宾语，表达的是以2为参照时间的事件，是相对时制的事件。3和4中只有"零"，表示的是主语怕发生的"后时"事件。因此，例12b的时制是"1—现在、2—现在、3—后时、4—后时、5—过去、6—现在"（图6-17）。

6.2.2　日语多事件时制关系

例13　太郎の母の信子は、小さい時英国暮しをしたことがあって（1）、多少英語ができる（2）ので、家でも毎日翻訳のアルバイトをしている（3）。（曽野綾子『太郎物語』）

太郎的母亲信子小时候在英国生活过，所以多少会点英语，在家时也每天都做些翻译的副业工作。

1表示的是一般现在的经历，2表示的是现在的能力，他们的标记都是表示一般现在的「ル」。3是由「テイル」表示的现在状态。所以例13的时制是"1—现在、2—现在、3—现在"。（图6-14）

例14　少年はその場を逃げ出して（1）、亡くなった（2）母
　　　　親の里へ行く（3）ために、現在、可部行のこの電車
　　　　に乗っている（4）。（井伏鱒二『黒い雨』）

少年逃离了那个场所。为了去已经离世的母亲的家乡，现在他乘上了开往可部的电车。

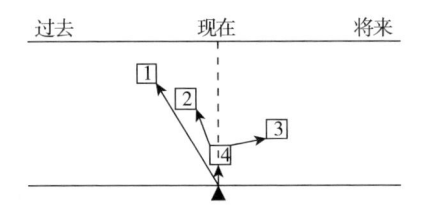

图6-18　例14的时制构造

1的参照时间是发话现在时间，虽然是动词「て」形，但根据将其与后续动作时间性及参照时间进行的比较，可以判断出1发生于过去。2的「亡くなった」是修饰名词的从句，2与3是由「ために」表示的目的从句，也就是说这两个事件的参照时间是4的时间。因此，1是绝对时制，2、3分别是由「タ」、「ル」表示的相对时制，即例14的时制是"1—过去、2—先时、3—后时、4—现在"。（图6-18）

例15　弟の直治は大学の中途で召集され（1）、南方の島へ行
　　　　った（2）のだ（3）が、消息が絶えてしまって
　　　　（4）、終戦になっても（5）行先が不明で（6）、お母

さまは、もう直治には逢えない（7）と覚悟している（8）、とおっしゃっている（9）けれども、私は、そんな、「覚悟」なんかした事は一度もない（10）、きっと逢える（11）とばかり思っている（12）。（太宰治『斜陽』）

我弟弟直治在上大学的时候被招兵入伍，去了南方的岛屿。此后就音讯皆无，到了战争结束后也没有找到他。母亲说已经做好了见不到直治的思想准备了，但我从未如此想过。我一直认为肯定能够重逢。

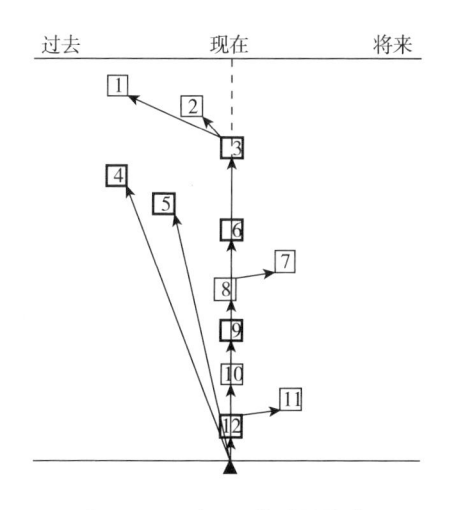

图 6-19　例 15 的时制构造

在日语中，如果是包括少数几个事件的句子，可以根据动词的词形变化判断各个事件的时制。但是，如果是例 15 这样的包含很多事件，并且包含各种动词变化的多重复句，则有必要在考虑清楚句子间的关系、事件的发生顺序的基础上进行时制的判断。

对于这种极为复杂的多重复句，可以按照主语和动词的关系、接续词和文脉关系将例 15 分为 4 个短句开展分析。

第 1 句：「弟の直治は…のだが」，包括 1、2、3。

第 1 句是关于主语「直治」的说明。1̄的动词是连用形，但根据语序可以判断出1̄发生于2̄之前。2̄中使用的是「タ」，表示事件发生于过去。3̄中的「のだ」表示从发话现在时间的立场对过去事件进行说明。1̄和2̄在第 1 句中是从句，表示的是相对时制"先时"。第 1 句的时制是"1̄—先时、2̄—先时、3̄—现在"。

第 2 句：「消息が…不明で」，包括4̄、5̄、6̄。

句中的动词是连用形，应该根据文脉关系等时间要素考虑事件的时间性。4̄和5̄的主语分别独立，从文脉关系上可以判断出是属于过去的事件。6̄的动词「で」是以发话时现在为参照时间表示出的现在状况判断，时间是"现在"。所以，第 2 句的时制是"4̄—过去、5̄—过去、6̄—现在"。

第 3 句：「お母さまは…けれども」，包括7̄、8̄、9̄。

7̄和8̄是主语的发话内容，是以9̄为参照时间的从句，是「ル」和「テイル」表示的相对时制"后时"与"同时"。9̄是以发话现在时间为参照点的事件，其动词「テイル」形表示绝对时制"现在"。第 3 句的时制是"7̄—后时、8̄—同时、9̄—现在"。

第 4 句：「私は…と思っている」，包括10̄、11̄、12̄。

第 4 句的时制分析原理与第 3 句的相同。10̄和11̄的时制是相对时制"同时"和"后时"，12̄的时制是绝对时制"现在"。

因此，多重复句例 15 的时制是"1̄—先时、2̄—先时、3̄—现在、4̄—过去、5̄—过去、6̄—现在、7̄—后时、8̄—同时、9̄—现在、10̄—同时、11̄—后时、12̄—现在"。（图 6 - 19）

6.3 最后句为"过去"时

6.3.1 汉语多事件时制关系

1) 动态助词的作用

例16 校长讲了一些话（①），教委主任也讲了一些话（②），谈到了努力学习（③），也谈到了要爱护这栋新教学楼的话（④）。（何顿《月魂》）

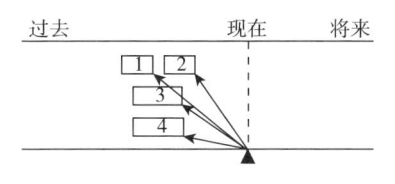

图6-20 例16的时制构造

句子由4个事件构成，并且互相没有从属关系。由于不存在时间词语，各个事件的时制都是由"了"表示的绝对时制"过去"。

虽然都是"过去"，但也有发生时间的先后顺序。①和②是按顺序发言，可以断定①在先，②在后。③和④是发话内容，有可能是①、②的主语都谈到的内容。因此，例16的时制应该是"①—过去、②—过去、③—过去、④—过去"。（图6-20）

例17 哼，我孙俊英可不是乡间妇女（①），闯关（②）进城（③）见过大世面（④）。（冯德英《迎春花》）

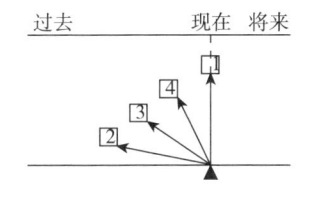

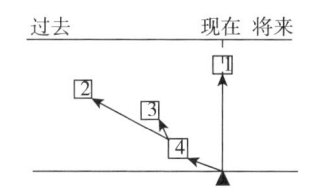

图6-21 例17的时制构造（1）　　**图6-22 例17的时制构造（2）**

· 151 ·

对于例17来说，首先，可以考虑各个事件都是以发话时现在为参考时间并有绝对时制。|1|是对现在事件的否定，|2|和|3|后面虽然没有动态助词，但根据|4|后使用的"过"来考虑，|2|和|3|都发生于|4|以前，可以认为|2|、|3|后面都省略了"过"。（可以认为是"闯过关进过城"）也就是说，例17的|1|是现在时制，其他事件都是由"过"表示的过去时制，即"|1|—现在、|2|—过去、|3|—过去、|4|—过去"。（图6-21）

其次，也可以认为|2|和|3|是以|4|的发生时间为参照点，即|2|和|3|是由"过"表示的相对时制"先时"。那么，例17的时制也可以是"|1|—现在、|2|—先时、|3|—先时、|4|—过去"。（图6-22）

例18 我在上海苦等了三个月（|1|），认识了一个女孩（|2|），她就是神秘女孩（|3|），你可能听说过（|4|）。（苏童《平静如水》）

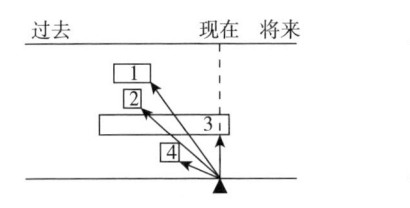

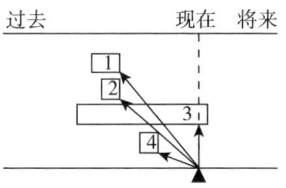

图6-23 例18的时制构造（1）　　图6-24 例18的时制构造（2）

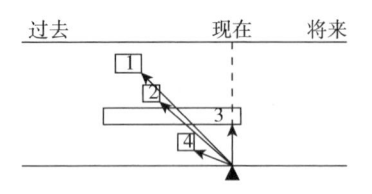

图6-25 例18的时制构造（3）

|1|和|2|中不存在决定时间区域的时间名词和时间副词，时制是由

第 6 章　汉日多事件时制比较

动态助词表示的绝对时制"过去"。1中有表示时段的词语"三个月",说明2发生于这个时段,应该是图 6-23 等中描绘的具有长度的事件。3是由判断动词"是"表示的具有长度的事件,是从过去一直延续到现在的性质,其时间长度更长。4中的动态助词"过"是以发话时现在为参照时间,表示的是绝对时制"过去"。所以例 18 的时制是"1—过去、2—过去、3—现在、4—过去"。

但是,从事件的发生顺序和事件的长短上看,1和2会有时间上的差别。因此,例 18 的图形可以有上述图 6-23、图 6-24、图 6-25 的三种形式。

汉语复句的最后句是"过去"时,时制基本上是由动态助词表示。动态助词有时可以省略,但仅限于能够从句中读取出时间信息的场合。根据是否以发话时现在为参照时间,动态助词既可以表示绝对时制,也可以表示相对时制,因此有必要根据语法手段、词汇手段、文脉等表时信息综合地考虑各种时制的可能性。此外,由于各个事件都会有时间上的差别,在绘图描写时需要根据不同的情况明示事件的长度。

2) 时间词的作用

例 19　一千九百二十八年五月三十日的早上,周炳拿起一本《小说月报》(1),正在读茅盾所写的小说《幻灭》(2),忽然听到(3)附近响起了一声清脆的枪声(4)。(欧阳山《苦斗》)

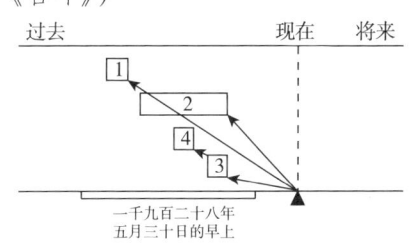

图 6-26　例 19 的时制构造

①和③中使用的是动态助词"零",②中使用的是"正在",④中使用的是"了"。但是,由于句首部分使用了时间名词"一千九百二十八年五月三十日的早上",所以无论使用何种动态助词等时间表达,都可以判断出全部事件均属于过去时间领域。原则上可以按照语序来考虑①、②、③的发生顺序,但由于③和④都发生于②的时间范畴内,所以图中②的幅度要长一些。①、②、③都是以发话时现在为参照时间,表示的是过去的绝对时制。④是③的宾语,并以③的时间为参照时间,所以④中的动态助词"了"表示的是"先时"的相对时制。例 19 的时制是"①—过去、②—过去、③—过去、④—先时"。(图 6-26)

例 20　当汽车启动,驶过几条街,把喧闹的长沙市抛在背后且加速朝福兴乡急驶而去时,一度看熟了的山水、田野和树木便海浪般涌过来,一下子淹没了王宇,于是思想就鳄鱼一般在往事的海洋深处啃噬着他的心。(何顿《清清的河水蓝蓝的天》)

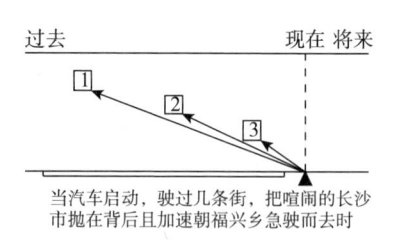

图 6-27　例 20 的时制构造(1)

例 20 是一个极为复杂的多重复句。在此,先将例 20 分为 1 个时间名词句和 3 个事件句。

时间名词句:当汽车启动,驶过几条街,把喧闹的长沙市抛在背后且加速朝福兴乡急驶而去时

事件①:一度看熟了的山水、田野和树木便海浪般涌过来

事件②：一下子淹没了王宇

事件③：于是思想就鳄鱼一般在往事的海洋深处啃噬着他的心

由于时间名词句将全部事件都限定在了过去的时间区域，所以①、②、③都是过去事件。按照语序及表示前后关系的"于是"来分析，三个事件之间的关系是图 6-27 中所示的关系。三个事件有前后关系，但都是以发话时现在为参照时间，所以此种情况的时制就是"①—过去、②—过去、③—过去"。

如果将"看熟了"作为一个事件考虑，事件的数量及它们之间的关系就会发生如下变化。

事件①：一度看熟了的

事件②：山水、田野和树木便海浪般涌过来

事件③：一下子淹没了王宇

事件④：于是思想就鳄鱼一般在往事的海洋深处啃噬着他的心

当汽车启动，驶过几条街，把喧闹的长沙市抛在背后且加速朝福兴乡急驶而去时

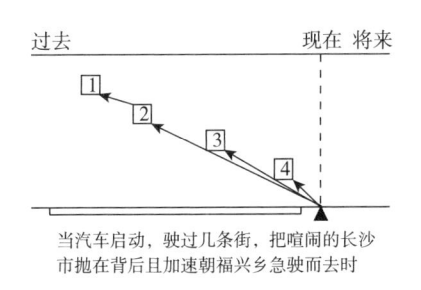

图 6-28　例 20 的时制构造（2）

这时，由于①从属于②并以②的时间为参照时间，所以②是由"了"表示的相对时制"先时"。这种情况的时制是"①—先时、②—过去、③—过去、④—过去。（图 6-28）

如果把"当汽车启动，驶过几条街，把喧闹的长沙市抛在背后且加速朝福兴乡急驶而去时"当作一个时间名词句，可以如图

· 155 ·

6-28分析。但如果观察这个句子内部的各个事件，其中也存在时制问题。

这个时间名词句包括"[1]：启动，[2]：驶过，[3]：抛，[4]：加速，[5]：急驶而去"的5个事件。各个事件的动词后都是"零"，并且各个事件都是在具有连贯性地修饰最后的词语"时"，[5]并不是句尾，而是要依据后续时间要素来判断它的时间性。因此，这5个事件不是表示绝对时制，而是表示相对时制。按照语序可以将这个时间名词句的时制定为"[1]—以前、[2]—以前、[3]—以前、[4]—以前、[5]—以后句事件的发生时间为参照时间"。（图6-29）

当汽车启动，驶过几条街，把喧闹的长沙市抛在背后且加速朝福兴乡急驶而去时

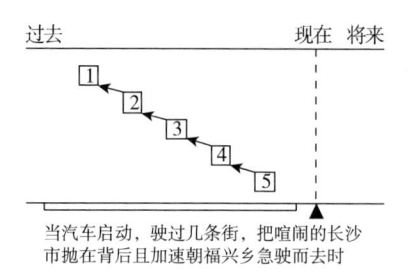

图6-29　例20的时制构造（3）

理论上，如果将图6-28及图6-29中的各个事件进行合并，就能够得出全部事件的时制。下面，将图6-28中所描绘的事件号码改为：

事件[6]：一度看熟了的

事件[7]：山水、田野和树木便海浪般涌过来

事件[8]：一下子淹没了王宇

事件[9]：于是思想就鳄鱼一般在往事的海洋深处啃噬着他的心

并将图6-29所描绘的5个事件一起导入图6-30。

合并后，例20的时制就是"[1]—先时、[2]—先时、[3]—先时、[4]—先时、[5]—先时、[6]—先时、[7]—过去、[8]—过去、[9]—过去"。

第 6 章　汉日多事件时制比较

当汽车启动，驶过几条街，把喧闹的长沙市抛在背后且加速朝福兴乡急驶而去时

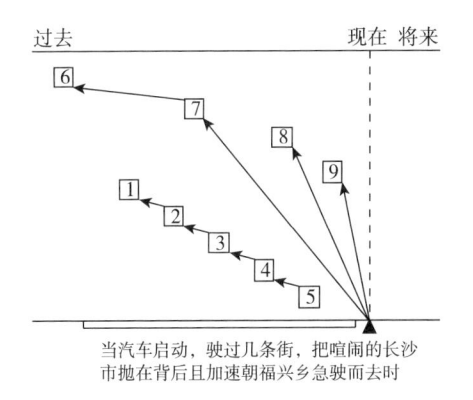

图 6 - 30　例 20 的时制构造（4）

本来，由于使用了"时（候）"一词，应该认为 5 发生于 7 以前。但如图 6 - 30 所示，7 和 8 可以是从 1 的发生到 5 的结束之间的、不能确定的时点上发生（并完成）的事件。也就是说，7 与 8 之间本身就存在时间差异，无法确定 5 的参照时间是 7 还是 8 的时间。即使把这个时间名词句更换为"昨天我正在打篮球的时候"这样的带有绝对时间名词的句子，也无法确定参照时间。用于多重复句中的"时候"一词也具有时间的不确定性。

多重复句与复杂单句不同，最后句的时制多为绝对时制。表示时间的名词（句）或副词（句）中会包含一个或数个事件。在错综复杂的多重复句中，既有时间关系非常明确的句子，也有极其模糊的句子。句中有时间名词句时，首先，可以将它看作普通名词来观察其时间意义，并根据这个时间名词句所示的时间区域来判断各个事件的时制。其次，时间名词句也会有表绝对时间和相对时间之分，并且会涉及与复句中其他事件的（时间）位置关系。为精准地揭示各个事件之间的时间关系及时制形式，应在使用语言表达的同时运用图形表示法进行描绘和补充说明。

6.3.2 日语多事件时制关系

1) 时制标记表示的时制

例21 映画のフィルムから火が出たとか（1）、見物の子供を二階からぽんぽん投げおろしたとか（2）、怪我人はなかったとか（3）、今は村の繭も米も入っていなくてよかったとか（4）、人々はあちこちで似たことを声高にしゃべり合っているのに（5）、みな火に向って無言でいるような、遠近の中心の抜けたような、一つの静かさが火事場を統一していた（6）。（川端康成『雪国』）

起先人们到处高声谈论：火灾是因为电影胶片着火引起的啦，把看电影的小孩一个个从二楼扔下来啦，没人受伤啦，幸亏现在没把村里的蚕蛹和大米放进去啦，如此等等。然而，如今大家面对大火，却默然无言。失火现场无论远近，都统一在一片寂静的气氛之中。

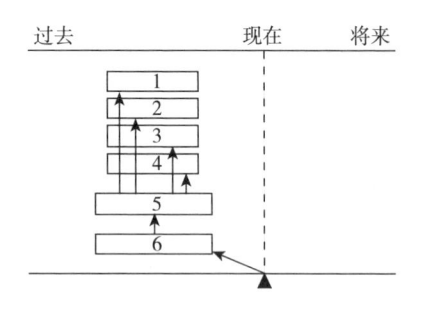

图6-31 例21的时制构造

1、2、3、4都是用「タ」形表示的过去事件，也都是5的实际内容。它们之间没有时间顺序，但都属于5的进行时间内的事件，并在某个时点与5进行重合，即1、2、3、4与5有同时性。5虽

然使用了「テイル」，但由于是从句，所以5̄表示的是与6̄的同时性。6̄的时制是由「テイタ」表示的过去，全句的时制是"1̄—同时、2̄—同时、3̄—同时、4̄—同时、5̄—同时、6̄—过去"。（在此，将句中的「みな火に向って無言でいるような」和「遠近の中心の抜けたような」看作是形容词句，必要时可以按照名词句的分析形式进行展开分析。（图6-31）

例22　ジュースを飲んだ（1̄）人はバス停に行った（2̄）が、
　　　　本を借りた（3̄）人は家に帰った（4̄）。

　　　喝了饮料的人去了公交车站，借了书的人回家了。

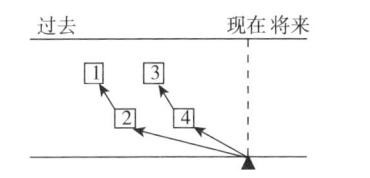

图6-32　例22的时制构造（1）　　图6-33　例22的时制构造（2）

复句中的从句为并列关系时，主句与从句句尾动词表示的是绝对时制，所以2̄和4̄分别是由「タ」表示的绝对时制"过去"。1̄和3̄的动词都是「タ」形，分别表示相对时制"先时"。例22的时制是"1̄—以前、2̄—过去，3̄—以前、4̄—过去"。（图6-32）此外，1̄与3̄可以有部分（或全部的）时间重叠，2̄和4̄也可以部分（或全部的）时间重叠，事件之间的关系可以有多种多样，可以用各种图形进行表示。（图6-33）

2）时间词的作用

例23　修一郎は、この三月に、近くの私立高等学校を出て（1̄）、神田のある私立大学の経済学部に、二百万円の金をつんで（2̄）裏口入学をした（3̄）が、ここまで

· 159 ·

修一郎を堕落させた（4）のはもちろん父の宇野理一であった（5）。（立原正秋『冬の旅』）

3月，修一郎从附近的私立高中毕业，花了200万日元走后门进了神田的某私立大学经济学部。让修一郎堕落到如此地步的当然是他的父亲宇野理一了。

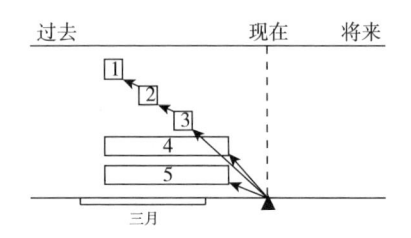

图 6-34 例 23 的时制构造

1和2由动词「て」形表示，从与3的时间顺序上考虑，可以判定1和2发生于3之前。3的助词「が」表示它的前后部分为并列关系，3表示的是绝对时制"过去"。「堕落させた」的对象是1、2、3，4是5的从句，需描绘出事件的长度。4与5是以发话时现在为参照时间，由「タ」表示的过去事件。例 23 的时制是"1—先时、2—先时、3—过去、4—过去、5—过去"。（图 6-34）

例24 そうして日本踊の伝統の眠りにも新しい試みのひとりよがりにも、当然なまなましい不満を覚えて（1）、もうこの上は自分が実際運動のなかへ身を投じて行く（2）ほかないという気持に狩り立てられ（3）、日本踊の若手からも誘いかけられた（4）時に、彼はふいと西洋舞踊に鞍替えしてしまった（5）。（川端康成『雪国』）

如此一来，对传统日本舞蹈的停滞状态，以及对自以为是的新尝试，自然也感到强烈的不满。一种急切的心情促使

· 160 ·

第6章 汉日多事件时制比较

他思考：事态已经如此，自己除了投身到实际运动中去，别无他途。当受到年轻的日本舞蹈家的吸引时，他突然改行搞西方舞蹈，根本不去看日本舞蹈了。

1至4的句中没有表示并列关系的词语，可以认为它们表示的都是相对时制。从动词的语序上可以认定1和3表示的是相对时制"先时"，2是由「ル」表示的"后时"。4虽然使用的是「タ」，但它的作用在于修饰「時に」。「時（に）」在被表示相对时制的动词修饰的时候，它表示的是刚刚开始后的局面。（今泉喜一，2003：134）所以4表示的是相对时制"先时"。例24的时制是"1—先时、2—后时、3—先时、4—先时、5—过去"。（图6-35）

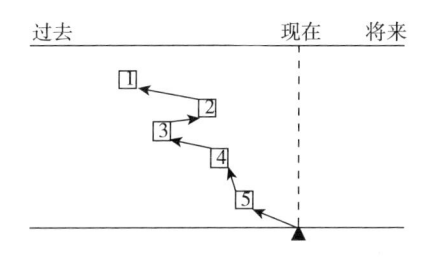

图6-35 例24的时制构造

例25 七人は一人ずつ、その場にいる（1）すべての人から離れて（2）、煮えかえる（3）池の岸に連れていかれ（4）、沸き立つ（5）湯の高い飛沫を見せられ（6）、怖ろしい苦痛を自分の体で味わう（7）前にキリストの教えを棄てる（8）ように説き勧められた（9）。（遠藤周作『沈黙』）

七个人被从现场所有人中分离，被带到烧开的水池边。看着沸腾的高扬飞沫，在用自己的身体感受这种恐怖的痛苦之前，他们被劝说放弃基督的教诲。

· 161 ·

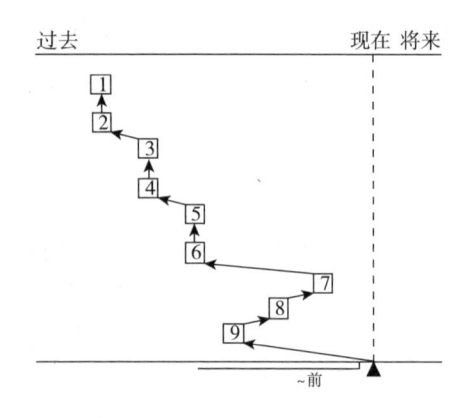

图 6-36 例 25 的时制构造

例 25（图 6-36）中虽然有多个事件，但表示绝对时制的只有最后一个事件。1的动词是「ル」形的存在动词，表示的是现在状态，但这个现在状态是以「離れて」为参照时间的相对现在，所以1的时制是"同时"。3与5也与此同理，也是用「ル」表示现在的用法。这一点可以通过将3与5中的动词分别换为「煮えたぎっている」和「沸き立っている」后，观察其意义（不变）得知3与5表示的是相对时制"同时"。2、4、6都是连用形的形式，按照语序可以认定为都表示下一个事件的以前，即都表示相对时制"先时"。7前的「味わう」与7后的「前に」共同表示7发生于8之后。而8是9的从句，以「ル」形用于过去事件的9之前，它表示的是相对时制"后时"。因此，例 25 的时制是"1—同时、2—先时、3—同时、4—先时、5—同时、6—先时、7—后时、8—后时、9—过去"。

6.4 结语

多重复句与复杂单句不同，最后句的时制多为绝对时制。表示时间的名词（句）或副词（句）中会包含一个或多个事件。在错综复杂的的多重复句中，既有时间关系非常明确的句子，也有时间关系极其模糊的句子。

　　汉语多事件复句的最后句为"非过去"句时，首先需要按照时间名词、时间副词、动态助词的顺序进行确认。句中不存在时间名词和时间副词时，动态助词发挥决定时制的基本作用。句中存在时间名词和时间副词时，动态助词仍然发挥决定时制的基本作用，但会有被省略的现象发生。这种省略会随着句子的长度增加而越来越多。表示绝对时间的名词和副词能够优先于动态助词而决定事件的发生时间区域。表示相对时间的名词和副词不能决定时间区域，事件的时制需要遵从动态助词的时间意义。如果根据动态助词和时间词语也不能准确判断时制，就需要通过考虑文脉、发话背景等间接表达出来的时间意义来判断时制。

　　日语的复句中即使存在时间词，时制也是由动词的词形变化表示，并不能进行省略。但是，随着句子的复杂化，时制的判断也会变得更加困难。对于这种没有省略标记但却使用连用形等其他表达方式，且又有多个层次的多重复句，并不是没有判断时制的原则。我们可以采用将复句分为几个较短的句子，然后根据语法表达、词汇表达、文脉、语序、句子的排列顺序等表时要素综合判断的方法。此外，无论是汉语还是日语，都会有用语言文字形式无法精准表达出时制关系的时候，句子越是复杂越需要从理论和构造上加以详细观察，使用构造关系图进行辅助说明是一种有效且精准地反映出时制关系的研究方法。

参 考 文 献

汉语文献

[1] 陈立民．汉语的时态和时态成分［J］．语言研究，2002（3）．

[2] 陈平．论现代汉语时间系统的三元结构［J］．中国语文，1988（6）．

[3] 陈前瑞．"来着"的发展与主观化［J］．中国语文，2005（4）．

[4] 陈前瑞．"来着"补论［J］．汉语学习，2006（1）．

[5] 陈前瑞．汉语体貌研究的类型学视野［M］．北京：商务印书馆，2008．

[6] 陈忠．认知语言学研究［M］．济南：山东教育出版社，2006．

[7] 陈忠．汉语时间结构研究［M］．北京：世界图书出版公司，2009．

[8] 程美珍，李珠．汉语病句辨析九百例［M］．北京：华语教学出版社，2009．

[9] 崔希亮．事件情态和汉语的表态系统［M］//语法研究和探索（十二）．北京：商务印书馆，2003．

[10] 戴浩一．时间顺序和汉语的语序［J］．黄河，译．国外语言学，1988（1）．

[11] 戴浩一，薛凤生．功能主义与汉语语法［M］．北京：北京语言学院出版社，1994．

[12] 戴耀晶．现代汉语表示持续体的"着"的语义分析［J］．语言教学与研究，1991（2）．

[13] 戴耀晶．现代汉语时体系统研究［M］．杭州：浙江教育出版社，1997．

[14] 邓守信．汉语动词的时间结构［J］．语言教学与研究，1985（4）．

[15] 丁声树，等．现代汉语语法讲话［M］．北京：商务印书馆，1961．

[16] 范晓．关于汉语的语序问题（一）［J］．汉语学习，2001（5）．

[17] 范晓．关于汉语的语序问题（二）［J］．汉语学习，2001（6）．

[18] 范晓．汉语句子的多视角研究［M］．北京：商务印书馆，2009．

[19] 范晓，张豫峰，等．语法理论纲要（修订版）［M］．上海：上海译文出版社，2008．

[20] 方霁．从认知的角度看英汉时制系统及其表达差异［J］．世界汉语教学，2000（3）．

[21] 房玉清．实用汉语语法［M］．北京：北京语言学院出版社，1992．

[22] 房玉清．实用汉语语法（第二次修订本）［M］．北京：北京语言大学出版社，2008．

[23] 冯力，杨永龙，赵长才，主编．汉语时体的历时研究［M］．北京：语文出版社，2009．

[24] 高更生．汉语语法专题研究［M］．济南：山东教育出版社，1990．

[25] 高更生．汉语语法研究［M］．济南：山东人民出版社，2001．

[26] 高名凯．汉语语法论［M］．北京：商务印书馆，1948．

[27] 龚常木．也谈语法中的零形式［J］．江西师范大学学报·哲学社会科学版，2001（4）．

[28] 龚千炎．谈现代汉语的时制表示和时态表达系统［J］．中国语文，1991（4）．

[29] 龚千炎．现代汉语的时间系统［J］．世界汉语教学，1994（1）．

[30] 龚千炎．汉语的时相时制时态［M］．北京：商务印书馆，1995．

[31] 顾阳．时态、时制理论与汉语时间参照［J］．语言科学，2007（4）．

[32] 郭锐．汉语动词的过程结构［J］．中国语文，1993（6）．

[33] 郭锐．过程和非过程——汉语谓词性成分的两种外在时间类型［J］．中国语文，1997（3）．

[34] 郭锐．现代汉语词类研究［M］．北京：商务印书馆，2002．

[35] 何伟，马瑞芝．现代汉语时间系统研究综述［J］．北京科技大学学报·社会科学版，2001（3）．

[36] 侯学超．现代汉语虚词词典［M］．北京：北京大学出版社，1998．

[37] 胡明扬．词类问题考察［M］．北京：北京语言文化大学出版社，1996．

[38] 胡培安．时间词语的内部组构与表达功能研究［M］．长春：吉林人民出版社，2006．

[39] 胡裕树，范晓．动词研究［M］．郑州：河南大学出版社，1995．

[40] 胡裕树，范晓．动词研究综述［M］．太原：山西高校联合出版社，1996．

［41］金昌吉，张小荫．现代汉语时体研究述评［J］．汉语学习，1998（4）．

［42］金立鑫．试论"了"的时体特征［J］．语言教学与研究，1998（1）．

［43］金立鑫．对 Reichenbach 时体理论的一点补充［J］．中国语文，2008（5）．

［44］金立鑫．关于"时"的定位和"体"的类型的一点意见［J］．东方语言学，2009（1）．

［45］金立鑫，邵菁．Charles N. Li，等"论汉语完成体标记词'了'的语用驱动因素"中某些观点商榷［J］．当代语言学，2010（4）．

［46］竟成．汉语时体系统国际研讨会论文集［M］．上海：百家出版社，2004．

［47］孔令达．关于动态助词"过1"和"过2"［J］．中国语文，1986（4）．

［48］孔令达．影响汉语句子自足的语言形式［J］．中国语文，1994（6）．

［49］匡鹏飞．时间词语在复句中的配对共现研究［M］．武汉：华中师范大学出版社，2008．

［50］匡鹏飞．后时性时间背景复句［J］．汉语学报，2010（2）．

［51］兰盖克．认知语法基础（第二卷）：描写应用［M］．牛保义，王义娜，译．北京：北京大学出版社，1982．

［52］黎锦熙．新著国语文法［M］．北京：商务印书馆，1924．

［53］李临定．现代汉语动词［M］．北京：中国社会科学出版社，1990．

［54］李临定．现代汉语句型（增订本）［M］．北京：商务印书馆，2011．

［55］李讷，S. A. Thompson，R. M. Thompson．已然体的话语理据：汉语助词"了"［M］//功能主义与汉语语法．北京：北京语言学院出版社，1994．

［56］李泉．现代汉语"形容词+动态助词"考察［J］．语言教学与研究，1997（1）．

［57］李铁根．现代汉语时制研究［M］．沈阳：辽宁大学出版社，1999．

［58］李铁根．现代汉语的时制分类与"了/着/过"的表时功能［M］//面临新世纪挑战的现代汉语语法研究．济南：山东教育出版社，2000．

［59］李铁根．"了"、"着"、"过"与汉语时制的表达［J］．语言研究，2002（3）．

［60］李铁根．"不"、"没（有）"的用法及其所受的时间制约［J］．汉语学习，2003（2）．

［61］李铁根．未然标记在句中的连用及其制约因素［J］．汉语学习，2008（2）．

[62] 李宇明. 语法研究录 [M]. 北京：商务印书馆，2002.

[63] 林若望. 论现代汉语的时制意义 [J]. 语言暨语言学，2002 (1).

[64] 林璋. "了₁"：从完整体标记到时标记 [G] //汉语时体系统国际研讨会论文集. 上海：百家出版社，2004.

[65] 刘勋宁. 现代汉语研究 [M]. 北京：北京语言文化大学出版社，1998.

[66] 刘勋宁. 现代汉语句尾"了"的语法意义及其解说 [J]. 世界汉语教学，2002 (3).

[67] 刘月华，等. 实用现代汉语语法（增订本）[M]. 北京：商务印书馆，2001.

[68] 龙果夫. 现代汉语语法研究 [M]. 北京：科学出版社，1952.

[69] 卢英顺. 形态和汉语语法研究 [M]. 上海：学林出版社，2005.

[70] 陆俭明. 现代汉语时间词说略 [J]. 语言教学与研究，1991 (1).

[71] 陆俭明. 现代汉语语法研究教程（第三版）[M]. 北京：北京大学出版社，2005.

[72] 陆俭明，马真. 现代汉语虚词散论 [M]. 北京：语文出版社，1999.

[73] 吕冀平. 汉语语法基础 [M]. 北京：商务印书馆，2000.

[74] 吕叔湘. 中国文法要略（上卷）[M]. 北京：商务印书馆，1942.

[75] 吕叔湘. 中国文法要略（中卷）[M]. 北京：商务印书馆，1944.

[76] 吕叔湘. 中国文法要略（下卷）[M]. 北京：商务印书馆，1944.

[77] 吕叔湘. 现代汉语八百词（增订本）[M]. 北京：商务印书馆，1999.

[78] 吕叔湘. 吕叔湘全集第五卷 现代汉语八百词 [M]. 沈阳：辽宁教育出版社，2002.

[79] 马建忠. 马氏文通 [M]. 北京：商务印书馆，1898.

[80] 马庆株. 时量宾语和动词的类 [J]. 中国语文，1981 (2).

[81] 马庆株. 自主动词和非自主动词 [J]. 中国语言学报，1988 (3).

[82] 马庆株. 顺序义对体词语法功能的影响 [J]. 中国语言学报，1991 (4).

[83] 马庆株. 汉语动词和动词性结构 [M]. 北京：北京语言学院出版社，1992.

[84] 马庆株. 略谈汉语动词时体研究的思路——兼论语法分类研究中的对立原则 [M] //语法研究和探索（九）. 北京：商务印书馆，2002.

[85] 马庆株. 汉语动词和动词性结构（一编）[M]. 北京：北京大学出版

社，2005．

[86] 马庆株，王红斌．先时、同时、后时时间副词与动词的类［M］//汉语时体系统国际研讨会论文集．上海：百家出版社，2004．

[87] 孟琮，等．汉语动词用法词典［M］．北京：商务印书馆，1999．

[88] 钱乃荣．体助词"着"不表示"进行"意义［J］．汉语学习，2000（4）．

[89] 任鹰．静态存在句中"V了"等于"V着"现象解析［J］．世界汉语教学，2000（1）．

[90] 尚新．英汉体范畴对比研究［M］．桂林：广西师范大学出版社，2007．

[91] 邵敬敏．现代汉语通论（第二版）［M］．上海：上海教育出版社，2007．

[92] 沈家煊．"有界"与"无界"［J］．中国语文，1995（5）．

[93] 沈家煊．不对称和标记论［M］．南昌：江西教育出版社，1999．

[94] 沈家煊．再谈"有界"与"无界"［M］//《语言学论丛》第30辑，北京：商务印书馆，2004．

[95] 石定栩．名词和名词性成分［M］．北京：北京大学出版社，2011．

[96] 帅志嵩．八十年代以来汉语时制研究的新进展［J］．汉语学习，2007（4）．

[97] 帅志嵩．中古汉语"完成"语义范畴研究［M］．北京：商务印书馆，2014．

[98] 宋玉柱，关于时间助词"的"和"来着"［J］．中国语文，1981（4）．

[99] 宋玉柱．现代汉语语法论集［M］．北京：北京语言大学出版社，1996．

[100] 孙伟．汉语复句的时间表现［G］//（日本）杏林大学大学院论文集第2号，2005．

[101] 孙伟．表示时间的名词和副词与时制的关系——中日两语言单句中的对照分析［J］．首都外语论坛，2010（3）．

[102] 孙英杰．现代汉语体系统研究［M］．哈尔滨：黑龙江人民出版社，2007．

[103] 王珏，现代汉语名词研究［M］．上海：华东师范大学出版社，2001．

[104] 王力．中国现代语法［M］．北京：商务印书馆，1943．

[105] 王松茂．汉语时体范畴论［J］．齐齐哈尔师范学院学报，1981（3）．

[106] 吴福祥．汉语体标记"了、着"为什么不能强制性使用［J］．当代语言学，2005（3）．

[107] 肖任飞．现代汉语因果复句优先序列研究［M］．北京：中国社会科学出版社，2010．

［108］谢玉红．说话时间是汉语句子时制感知的基本参照［J］．外语研究，2017（3）．

［109］邢福义．说"NP"了句式［J］．语文研究，1984（3）．

［110］邢福义．汉语语法学［M］．长春：东北师范大学出版社，1996．

［111］邢福义．汉语复句研究［M］．北京：商务印书馆，2001．

［112］邢公畹．现代汉语和台语里的助词"了"和"着"（上）［J］．民族语文，1979（2）．

［113］邢公畹．现代汉语和台语里的助词"了"和"着"（下）［J］．民族语文，1979（3）．

［114］徐春阳．虚词"的"及其相关问题研究［M］．北京：文化艺术出版社，2006．

［115］徐一平，等．中日对照语料库CD版［M］．北京：北京日本学研究中心，2003．

［116］雅洪托夫．汉语的动词范畴［M］．陈孔伦，译．北京：商务印书馆，1958．

［117］杨素英．当代动貌理论与汉语［M］//语法研究和探索（九）．北京：商务印书馆，2000．

［118］杨同用，徐德宽．汉语篇章中的时间表现形式研究［M］．北京：语文出版社，2007．

［119］杨希英，王国栓．"来着"（来、着）与汉语的时制［J］．广西民族学院学报·哲学社会科学版，2006（4）．

［120］袁莉容，郭淑伟，王静．现代汉语句子的时间语义范畴研究［M］．成都：四川大学出版社，2010．

［121］袁毓林．零形式和零成分的确立条件［J］．当代语言学，2010（3）．

［122］泽诺·万德勒．哲学中的语言学［M］．陈嘉映，译．北京：华夏出版社，2002．

［123］张斌．现代汉语虚词词典［M］．北京：商务印书馆，2006．

［124］张斌，胡裕树．汉语语法研究［M］．北京：商务印书馆，2003．

［125］张国宪．现代汉语的动态形容词［J］．中国语文，1995（3）．

［126］张国宪．延续性形容词的续段结构及其体表现［J］．中国语文，1999（6）．

［127］张国宪．性质形容词重论［J］．世界汉语教学，2006（1）．

[128] 张国宪. 性质、状态和变化 [J]. 语言教学与研究, 2006 (3).

[129] 张国宪. 现代汉语形容词功能与认知研究 [M]. 北京：商务印书馆, 2006.

[130] 张济卿. 汉语并非没有时制语法范畴——谈时、体研究中的几个问题 [J]. 语文研究, 1996 (4).

[131] 张济卿. 论现代汉语的时制与体结构（上）[J]. 语文研究, 1998 (3).

[132] 张济卿. 论现代汉语的时制与体结构（下）[J]. 语文研究, 1998 (4).

[133] 张济卿. 对汉语时间系统三元结构的一点看法 [J]. 汉语学习, 1998 (5).

[134] 张黎. 日本现代汉语语法研究论文选 [M]. 北京：北京语言大学出版社, 2007.

[135] 张黎. 现代汉语"了"的语法意义的认知类型学解释 [J]. 汉语学习, 2010 (6).

[136] 张庆文. 现代汉语名词谓语句的句法研究 [M]. 北京：科学出版社, 2016.

[137] 张先亮, 范晓, 等. 汉语句式在篇章中的适用性研究 [M]. 北京：中国社会科学出版社, 2008.

[138] 张秀汉. 语动词的"体"和"时制"系统 [M] //语法论集第一集. 北京：中华书局, 1957.

[139] 张谊生. 现代汉语副词研究 [M]. 上海：学林出版社, 2000.

[140] 张谊生. 现代汉语副词分析 [M]. 上海：上海三联书店, 2000.

[141] 赵元任. 汉语口语语法 [M]. 吕叔湘, 译. 北京：商务印书馆, 1968.

[142] 朱德熙. 语法讲义 [M]. 北京：商务印书馆, 1982.

[143] 朱德熙. 定语和状语的区分与体词和谓词的对立 [M] //朱德熙文集（第三卷）：汉语语法论文. 北京：商务印书馆, 1999.

[144] 邹海清. 现代汉语时间副词的功能研究 [M]. 上海：世界知识出版社, 2011.

[145] 左思民. 汉语中时、体标记的合一型 [J]. 现代中国语研究, 2001 (3).

[146] 左思民. 普通话动词的"动相"结构与体标记的焦点选择 [G] //第十四次现代汉语语法学术讨论会论文, 2006.

[147] 左思民. 汉语时体标记系统的古今类型变化 [J]. 汉语学报, 2007 (2).

［148］左思民．动词的动相分类［J］．华东师范大学学报·哲学社会科学版，2009（1）．

日语文献

［1］安井稔（1983）『英文法総覧』，東京：開拓社。
［2］奥田靖雄（1977）アスペクトの研究をめぐって——金田一的段階『（宮城教育大学）国語国文』8．（收録于：［3］奥田靖雄（1984）『ことばの研究・序説』，東京：むぎ書房。）
［4］奥田靖雄（1984）『ことばの研究・序説』，東京：むぎ書房。
［5］奥田靖雄（1988）「時間の表現」（1）（2），『教育国語』94、95，東京：むぎ書房。
［6］柏野健次（1999）『テンスとアスペクトの語法』，東京：開拓社。
［7］大槻文彦（1897）『広日本文典』，東京：勉誠社。
［8］大槻文彦（1901）『日本文法教科書（下）』，東京：開成館。
［9］大槻文彦（1902）『日本文法中教科書』，東京：開成館。
［10］大槻文彦（1905）『新体日本文法教科書 続巻』，東京：開成館。
［11］大河内康憲（1997）『中国語の諸相』，東京：白帝社。
［12］町田健（1989）『日本語の時制とアスペクト』，東京：アルク。
［13］芳賀矢一（1905）『中等教科明治文典：3巻・巻之2』，東京：富山房書店。
［14］福永勝盛（1923）『新撰国文典』，大阪：時習書院。
［15］副島健作（2007）『日本語のアスペクト体系の研究』，東京：ひつじ書房。
［16］岡田正美（1900）『日本文法文章法大要』，東京：吉川半七。
［17］高橋太郎（1985）『現代日本語動詞のアスペクトとテンス』，東京：秀英出版。
［18］高橋太郎（2003）『動詞九章』，東京：ひつじ書房。
［19］工藤真由美（1985）ノ、コトの使い分けと動詞の種類，『国文学解釈と鑑賞』50巻3号。
［20］工藤真由美（1989）現代日本語の従属文のテンスとアスペクト，『横浜国立大学人文紀要』（語学・文学）36。

[21] 工藤真由美（1992）現代日本語の時間の従属複文，『横浜国立大学人文紀要』（語学・文学）39。

[22] 工藤真由美（1995）『アスペクト・テンス体系とテクスト—現代日本語の時間の表現—』，東京：ひつじ書房。

[23] 工藤真由美（2014）『現代日本語ムード・テンス・アスペクト論』，東京：ひつじ書房。

[24] 谷垣勝蔵（1920）『日本活語法』，東京：隆文館。

[25] 国語調査委員会編（1916）『口語法』，東京：国定教科書共同販売所。

[26] 今泉喜一（2000）『日本語構造伝達文法』，東京：揺籃社。

[27] 今泉喜一（2003）『日本語構造伝達文法 発展A』，東京：揺籃社。

[28] 今泉喜一（2012）『日本語構造伝達文法［改定12］』，東京：揺籃社。

[29] 金水敏、工藤真由美、沼田善子（2000）『日本語の文法2 時・否定と取り立て』，東京：岩波書店。

[30] 金田一春彦（1950）国語動詞の一分類，『言語研究』15。

[31] 金田一春彦（1955）日本語動詞のテンスとアスペクト，『名古屋大学文学部研究論集』X文学四。

[32] 金田一春彦（1976）『日本語動詞のアスペクト』，東京：むぎ書房。

[33] 久野暲（1973）『日本文法研究』，東京：大修館。

[34] 林四郎等（1997）『例解新国語辞典第五版』，東京：三省堂。

[35] 鈴木重幸（1965）現代日本語の動詞のテンス——言い切りの述語に使われたばあい——，『ことばの研究2』，東京：秀英出版。

[36] 鈴木重幸（1972）『日本語文法・形態論』，東京：むぎ書房。

[37] 鈴木重幸（1979）現代日本語の動詞のテンス—終止的な述語につかわれた完成相の叙述法断定のばあい—，『言語の研究』，東京：むぎ書房。

[38] 鈴木重幸（1983）形態論的なカテゴリーについて，『教育国語』72，東京：むぎ書房。

[39] 鈴木重幸（1996）『形態論・序説』，東京：むぎ書房。

[40] 木枝増一（1938）『高等国文法新講. 品詞篇』，東京：東洋図書。

[41] 南不二男（1974）『現代日本語の構造』，東京：大修館書店。

[42] 日本語記述文法研究会（2007）『現代日本語文法3アスペクト・テンス・肯否』，東京：くろしお出版。

- [43] 三原健一（1992）『時制解釈と統語現象』，東京：くろしお出版。
- [44] 山田孝雄（1948）『日本文法学概論』，東京：宝文館。
- [45] 時枝誠記（1950）『日本文法・口語篇』，東京：岩波書店。
- [46] 四宮憲章（1899）『新解日本文法：時文正誤』，東京：明法堂。
- [47] 寺村秀夫（1984）『日本語のシンタクスと意味Ⅱ』，東京：くろしお出版。
- [48] 松村瑞子（1996）『日英語の時制と相―意味・語用論的観点から―』，東京：開文社出版。
- [49] 松下大三郎（1930）『標準日本口語法』，東京：中文館書店。
- [50] 孫偉（2005）中国語の時間を表す名詞と副詞―文中での機能および語法をめぐって―，『言語と交流』第8号。
- [51] 孫偉（2006）中国語の単文における時間表現，『杏林大学大学院論文集』第3号。
- [52] 孫偉（2009）日本語と中国語のアスペクト補助動詞，『比較日本文化学研究』第2号。
- [53] 孫偉（2010）複数出来事間の時制関係―日中両言語の後文が過去である場合―，『言語と交流』第13号。
- [54] 孫偉（2014）複数出来事間の時制関係―日中両言語の後文が非過去である場合―，『言語と交流』第17号。
- [55] 藤井惟勉（1877）『日本文法書（下）』，東京：正栄堂。
- [56] 藤井正（1966）「動詞＋ている」の意味，『国語研究室』5号。
- [57] 小林好日（1927）『国語国文法要義』，東京：京文社。
- [58] 新楽金橘（1902）『実用日本文典：中等教育（下）』，東京：敬業社。
- [59] 須田義治（2010）『現代日本語のアスペクト論―形態論的なカテゴリーと構文論的なカテゴリーの理論―』，東京：ひつじ書房。
- [60] 岩崎卓（2001）複文における時制，『言語』第12号，東京：大修館書店。
- [61] 野田尚史、益岡隆志、佐久間まゆみ、田窪行則（2002）『日本語の文法4 複文と談話』，東京：岩波書店。
- [62] 益岡隆志、田窪行則（1992）『基礎日本語文法』，東京：くろしお出版。
- [63] 紙谷栄治（1979）現代日本語のテンスとアスペクト，『国語学』118。

[64] 中村ちどり（2001）『日本語の時間表現』，東京：くろしお出版。

[65] 中埜肇（1976）『時間と人間』，東京：講談社。

[66] 中右実（1994）『認知意味論の原理』，東京：大修館書店。

[67] バーナード・コムリー（1976）『アスペクト』，山田小枝訳，東京：むぎ書房，1988年。

[68] ハンス・ライヘンバッハ（1947）『記号論理学の原理』，石本新訳，東京：大修館書店，1995年。

[69] レナート・デクラーク（1994）『現代英文法総論』，安井稔訳，東京：開拓社。

英语文献

[1] Bhat, D. N. S. The prominence of tense, aspect and mood [M]. Amsterdam/Philadelphia: John Benjamins Publishing Company, 1999.

[2] Comrie, Bernard. Aspect [M]. Cambridge: Cambridge University press, 1976.

[3] Comrie, Bernard. Tense [M]. Cambridge: Cambridge University press, 1985.

[4] Dahl, Osten. Tense and aspect systems [M]. Basil: Blackwell Publishers, 1985.

[5] Hopper, Paul J. Tense Aspect: Between Semantics and Pragmatics [M]. Amsterdam: John Benjamins Publishing Company, 1982.

[6] Randolph Quirk, Sidney Greenbaum, Geoffrey Leech, Jan Svartvik. A Comprehensive Grammar of the English Language [M]. London: Longman, 1985.

[7] Reichenbach, Hans. Elements of Symbolic Logic [M]. New York: The MacMillan Company, 1947.

[8] Smith, Carlota. S. The Parameter of Aspect (Second Edition) [M]. Kluwer Academic Publishing Company, 1991.

[9] Vendler, Zeno. Verb and Time [J]. The Philosophical Review, 1957 (66): 143 – 160. Also in Inderjeet Mani, James Pustejovsky and Robert Gaizauskas (eds.). The language of time: A reader, 21 – 23 [M]. Oxford: Oxford Press, 2005.

[10] Vendler, Zeno. Linguistics in Philosophy [M]. New York: Cornell University Press, 1967.